JN137931

大学教育における高次の統合的な能力の評価

量的vs.質的、直接vs.間接の二項対立を超えて

斎藤有吾

東信堂

はしがき

本書は、京都大学大学院教育学研究科博士論文「学士課程教育における高次の統合的な能力の評価とその変容に寄与する学習者要因の検討 ―コースレベルの直接評価と間接評価の統合―」を改題し、加筆修正したものです。

近年の日本の高等教育では、学生の学習成果として、高次の統合的な能力を育成するように求められています。また、機関・プログラムレベルの学習成果の可視化と分析にもとづいて、教育改善や改革サイクルを検討することも求められています。特に第3期認証評価ではそれが強調されています。

そのような試みは多く積み重ねられてきましたが、その際、学習成果の可視化で頻繁に使用されてきた評価は、学生調査 (学生へのアンケートによる調査) や教育関連企業の開発した標準テストといったものです。序章で解説しますが、学習評価の2つの軸「量的評価－質的評価」「直接評価－間接評価」を用いると、学生調査は量的評価・間接評価、標準テストは量的評価・直接評価に主に分類されます。

さて、これらの評価方法で、各大学や学部のディプロマポリシーに対応する、基本的・専門的知識やスキルを活用し、問題解決を図ることができるというような、高次の統合的な能力を捉えることができるのでしょうか。また、これらの評価は、その後の教育改善や学習支援に有用な情報を与えてくれるのでしょうか。

本書ではそのような問題意識をもとに、高次の統合的な能力を捉えることに適した代替的な評価として、パフォーマンス評価やルーブリックの活用に着目しました。これは、先程の分類に従えば、質的評価・直接評価です。ただし、この評価は本来、形成的評価としての側面が強く、数値化や標準化を志向するものではありません。これまで、数値化や標準化を志向する評価によって行われてきた議論の俎上に載せることができるのかはわかりません。もし、それができることが確認されれば、パフォーマンス評価から得られた得点をある能力の達成度合いとして示したり、学習成果の指標として用いたりすることに期待が持てます。

また、本書では学生の自己報告によって、ディプロマポリシーに対応するような学習成果を捉えようとすることには懐疑的ですが、どのような学習をしているか、どのような動機づけで取り組んでいるか、などを捉えるためには学生の自己報告に頼ることが適切だという立場に立っています。このような評価情報が集まれば、学生に習得を期待する能力に対して、ポジティブな影響を与える要因等を、統計学的な分析によって検討することが可能だと考えました。

そこで、先進的な事例である新潟大学歯学部のご協力を得て、演習科目「大学学習法」のレポート評価と「PBL科目」の改良版トリプルジャンプという2種類のパフォーマンス評価の実践 (2013 ～ 2016年度) を検討対象として取り上げました。そして、そこで収集された評価情報を、それぞれの機能を損なわせずに活用しながら、高次の統合的な能力の形成に関する指導や学生の学習改善に活かすことのできる知見を得ることを目的とした検討を行いました。具体的には、以下の4つの検討を行いました。

①パフォーマンス評価(ルーブリックを含む)によって得られた量的指標は、信頼性を担保することができるのか、またそれらはどのような特性を持った評価といえるのかに関する心理測定学的検討。(第1章)
②パフォーマンス評価の評価結果と、学生調査の評価結果は果たして代替可能なのか、またパフォーマンス評価の教員による評価結果と学生の自己評価結果はどの程度ズレるのかに関する検討。(第2章)
③形成的評価としてのパフォーマンス評価の機能を強調し、ルーブリックを活用した教員の評価と自己評価とのズレを振り返る活動を取り入れた場合に、それが学生の自己評価能力に及ぼす効果に関する検討。(第3章)
④コース(科目)における学生の学習プロセスを捉えるための質問票を開発したうえで、そこから得られた情報とパフォーマンス評価から得られた情報を合わせて分析し、高次の統合的な能力の変容にどのような学習者要因が寄与するのかを明らかにするための検討。(第4章)

このように本書は、どれか一つの評価が望ましいということではなく、それぞれの評価には適した役割があり、その役割に合った評価を複数組み合わせて、その評価情報を分析し、いかに教育的支援や学習改善に役立てていくのかということを目指して執筆されました。本書の副題である「―量的 vs. 質的、直接 vs. 間接の二項対立を超えて―」には、それが込められています。本書が、今後の高等教育における学習成果の可視化の議論や、教育実践に携わっている方々、認証評価の業務に携わっている方々の一助になれば幸いです。

目次／大学教育における高次の統合的な能力の評価

大学教育における高次の統合的な能力の評価

—量的vs.質的、直接vs.間接の二項対立を超えて

序　章

第1節　学士課程教育における学習成果の可視化とその評価
第2節　高次の統合的な能力
第3節　異なるタイプの評価の架橋と統合の必要性
第4節　本研究の問題と目的
第5節　本研究の対象
第6節　本論文の構成

第1節　学士課程教育における学習成果の可視化とその評価

第1項　日本の学士課程教育における学習成果の可視化の必要性とその動向

日本の高等教育では2000年代以降、個人にとっても社会にとっても将来の予測が困難な時代の到来やグローバル化の進展などを背景として、学問の基本的な知識を獲得するだけでなく、知識の活用能力や創造性、生涯を通じて学び続ける能力を培うことが重視されている。それに加えて、それを学習成果として客観的な指標で測定し可視化することが求められている。

まず、2008年の「学士課程教育の構築に向けて」(学士課程答申)は、他の先進諸国の大学が上述のような社会的な背景をふまえて、学生の身に付けるべき学習成果という形で教育目標を明示し、その達成度を評価するなどの取り組みを進めていることを挙げた。しかし、日本の大学を取り巻く環境もそうした先進諸国と異なるものではないのにも関わらず、日本ではそれが進展していないことを指摘した。そのような現状や、高等教育のグローバル化に伴う学位の透明性、国際的通用性の要請や、労働力の流動化に伴う個人の知識・能力などを証明する必要性、産業界からの要請といった理由から、学士課程共通の学習成果に関する参考指針として「学士力」を掲げ、各大学における学位授与の方針(ディプロマ・ポリシー)の明確化を促した。

「学士力」は「知識・理解」「汎用的技能」「態度・志向性」「統合的な学習経験と創造的思考力」という大きな4カテゴリーからなり、「知識・理解」は①多文化・異文化に関する知識の理解、②人類の文化、社会と自然に関する知識の理解、「汎用的技能」は①コミュニケーション・スキル、②数量的スキル、③情報リテラシー、④論理的思考力、⑤問題解決力、「態度・志向性」は①自己管理力、②チームワーク、リーダーシップ、③倫理観、④市民としての社会的責任、⑤生涯学習力、「統合的な学習経験と創造的思考力」は、これまでに獲得した知識・技能・態度などを総合的に活用し、自らが立てた新たな課題にそれらを適用し、その課題を解決する能力、とまとめられている(中央教育審議会, 2008)。なお、このような多様な学習成果の達成度を評価しようとする際、多面的できめ細かな評価方法を取り入れる必要性は述べられているが、その具体的な評価(測定)手法の紹介は保留された。

その後、2012年の「新たな未来を築くための大学教育の質的転換に向けて～生涯学び続け、主体的に考える力を育成する大学へ～」(質的転換答申)は、「学士力」の重要な要素を有する人材を確実に育成するための大学教育の質的転換の必要性を述べ、その改革サイクルが適切に機能しているかどうかといった学習成果を重視した認証評価を行うことを促した。ただし、大学の機能や学生の能力によって強みや課題は大きく異なる。そのため、当該大学の特徴をより明確に把握できる客観的な指標の開発や、当該大学がその機能をふまえて重点を置いている教育活動や研究活動に着目した評価を行い、その情報発信を求めた。また、学習成果を把握する具体的な評価(測定)手法として、「学修行動調査(学生調査)」や「アセスメント・テスト(学修到達度調査)」、「ルーブリック」、「学修ポートフォリオ」が推奨された(中央教育審議会, 2012)。このように、質保証において、「学士力」と関連する学習成果の客観的把握と、それによって改革サイクルの適切性を検討することを求めている。

このような流れを受け、日本の高等教育で昨今、急速に注目を浴び、広く普及してきたのが、IR(Institutional Research)と学生調査による学生の学習成果の把握である(山田, 2012)。山田(2012)によると、IRとは、個別大学内の様々な情報を収集して数値化・可視化し、評価指標として管理してその分析結果を教育-研究、学生支援、経営などに活用することである。従来、多くの高等教育機関では教育の改善が不可欠であるということは共有されていたものの、現状の分析を教員個人の主観や経験値に基づいている場合が多かった。これに対し、IRは答申で求められているような客観的なデータと分析に基づき、すなわちエビデンスベースで教育改善や改革サイクルを検討することに親和性が高い。そして、学生調査は学生の学習成果の間接的な評価として有効であり、認証評価の際にも成果の指標として提出することができるため、IRでは研究上で実績のある標準的な学生調査を利用することが一般的であるとされる。

その代表的な例として、2012年より発足した大学IRコンソーシアムの学生調査に基づくIR活動が挙げられる。当コンソーシアムには2017年8月時点で国公私立53大学が加盟しており（国立10大学、公立4大学、私立39大学）、米国でも実績のある学生調査をもとにした日本版大学生調査JCIRP（Japanese Cooperative Institutional Research Program）を利用し、大学間で共有したデータを用いてベンチマーキングを行うなど数値的に各大学の特徴を把握する取り組みを通して、全国規模のIRコミュニティの育成や質保証の議論に貢献している（大学IRコンソーシアム, n.d.）。

このような学生調査は一般的に、次項で詳述するように、学生の自己報告に依拠して学習成果の達成度や成長感をリッカート式のアンケートによって間接的に評価しようとするものであるため、「間接評価」と呼ばれる。学生調査は簡便に実施でき、大学間比較や経年比較が容易であり、何よりも統計学的な分析にかけやすいので、IRにおける学習成果の可視化として、このような間接評価が多く利用されている。高等教育研究においても、学生調査と同様の項目を用いた学生へのアンケート調査によって、多くの研究が行われてきている（例えば、宮本他, 2016；岡田他, 2011；山田, 2015, 2016；山田・森, 2010など）。

他方、学生の自己報告である学生調査に依拠せず直接的な評価方法を用いて、あるいはそのような評価と学生調査を組み合わせることによって、学習成果を捉えようとする大学も増えてきている。例えば、2014年度から進められている「大学教育再生加速プログラム」（Acceleration Program for University Education Rebuilding : AP）では「学習成果の可視化」のテーマにおよそ30機関（複合型も含む）が採択された（文部科学省, 2014）。それらの機関における取り組みを確認すると、選定大学の多くが学生調査以外の学習成果の可視化の方法も挙げている。例えば、GPAやポートフォリオといったその大学のカリキュラムにおいて実施されている評価の集積の利用や、独自に開発した学習成果の指標の利用、教育関連企業が開発した汎用的技能や社会人基礎力を評価するためのテストの利用などである。選定大学の多くが、質的転換答申で推奨された「学修行動調査（学生調査）」「アセスメント・テスト（学修到達度調査）」「ルーブリック」「学修ポートフォリオ」に対応する取り組みを実施し、複数の評価方法を組み合わせて、多様な学習成果を捉えようと試みている（文部科学省,

2014)。これらの多様な学習成果の評価方法は、評価対象や評価課題、手続き、基盤とするパラダイムが異なっており、その特徴や利点、問題点などを十把一絡げに議論することは困難である。これらを整理する上で、松下(2012, 2016, 2017)の学習評価の4つのタイプの分類が参考になる。次項では、松下の分類に依拠しながら、昨今の高等教育における学習成果の可視化で代表的な方法を整理した上で、その特徴に関して言及する。

なお、松下(2017)によると、高等教育研究で用いられる「学習成果」というタームは多用な意味を内包しており、どのような意味で学習成果を用いているかによって、その可視化の内実も変わってくる。松下(2017)はその多面性を解剖するための3つの視点を提供している。すなわち、①目標としての学習成果、評価対象としての学習成果、②直接的な学習成果、間接的な学習成果、③機関横断的な学習成果、機関レベルでの学習成果、プログラムレベルでの学習成果、科目レベルでの学習成果である。混乱を避けるため、本研究においては、①に関しては評価対象としての学習成果、②に関しては両者、③に関しては主として機関・プログラム・科目(コース)レベルの学習成果、およびその可視化に関して言及していくことを先に述べておく。

第2項　＜直接評価・間接評価＞と＜量的評価・質的評価＞

松下(2012, 2016, 2017)によると、学習評価は＜直接評価・間接評価＞という軸と、＜量的評価・質的評価＞という軸の2つによって、4つのタイプに分けることができる(**図序-1**)。なお、松下(2012)では＜量的評価＞は＜心理測定学的パラダイム＞、＜質的評価＞は＜オルターナティヴ・アセスメントのパラダイム＞と表現されているが、松下(2016)以降で変更されている。

まず、＜直接評価・間接評価＞という軸に関して、直接評価は「学習者の知識や能力の表出を通じて－『何を知り何ができるか』を学習者自身に提示させることで－、学習のプロセスや成果を直接的に評価すること」(松下, 2016, p.16)である。また、間接評価は「学習者による学習についての自己報告を通じて－『どのように学習したか』や『何を知り何ができると思っているか』を学習者自身に答えさせることによって－、学習のプロセスや成果を間接的

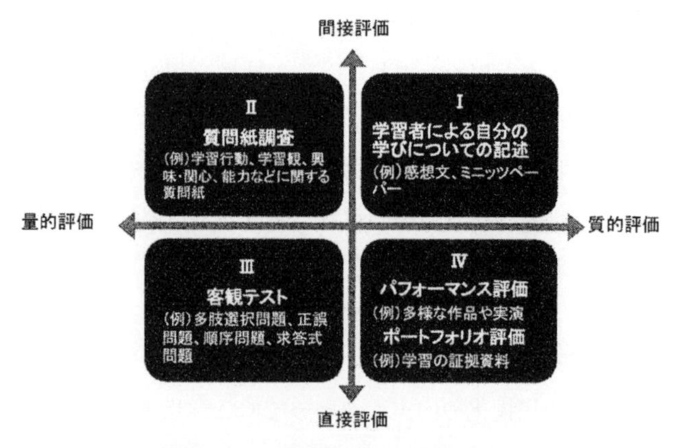

図序－1　学習評価の４つのタイプ

出典)松下(2018)p.18、図1-3

に評価すること」(松下, 2016, p.16)である。学習成果の他にも、学習成果に至る学習行動といったプロセスに関する学習者の自己報告も間接評価に含まれる。また、NEASC(2013)のように、特定のプログラムへの参加率や、リテンション率、就職率、大学院進学率といった、学習者の自己報告ではない方法で集計される教務情報も間接評価に含める場合もある。本研究において、特に断りがない場合は、間接評価は学生個人の学習成果を間接的に捉えるものという意味で用いる。

次に、＜量的評価・質的評価＞という軸に関して、まずその名前は、得られる評価データが量的か質的かに由来している。量的評価はあらかじめ定められ、構造的にまとめられた選択肢などを用いて、結果を数値化するものである。また、質的評価は柔軟で自然主義的な手法を用いて、結果を主に文章などによって質的に表現するものである(Banta & Palomba, 2015；Suskie, 2009；松下, 2012, 2016, 2017)。その他にもいくつかの対比がみられる(**表序-1**)。大きな違いは、基盤とする学問が異なるということである。量的評価は心理測定学を基盤としており、評価・測定の客観性が重視される。そして質的評価の基盤は、それほど安定しているわけではないが、構成主義的学習論、状況論、解釈学などである(Gipps, 1994；松下, 2012, 2017)。

この分類に従えば、質的転換答申で例示された「学修行動調査(学生調査)」

表序－1　量的評価と質的評価

	量的評価	質的評価
学問的基盤	心理測定学	解釈学、構成主義的学習論など
評価データ	量的データ	質的データ
評価対象	集団または個人	個人
評価目的	選抜、組織的な教育改善、アカウンタビリティなど	学習や指導の改善など
評価課題	細かく分割された問題 文脈独立的	複合的な課題 文脈依存的
評価基準	客観性を重視	間主観性を重視
評価結果	数値	文章や数値
評価機能	主に総括的評価	主に形成的評価
評価方法	客観テスト・標準テスト、質問紙調査など	パフォーマンス評価・ポートフォリオ評価、ミニッツペーパーなど

出典）松下（2017）p .101

はタイプⅡ（量的評価、間接評価）、「アセスメント・テスト」はタイプⅢ（量的評価、直接評価）、「ルーブリック」「学修ポートフォリオ」はタイプⅣ（質的評価、直接評価）に位置づけられる。具体的な例として、APの「学修成果の可視化」に採択された大阪府立大学や山口大学では、学生調査としてJCIRP（タイプⅡ）を用いて、そこから学士力に対応する学習成果全般の達成度や成長感を捉えようとしている。また、アセスメント・テストとして、河合塾とリアセックが開発したPROG（タイプⅡとⅢ）を用いて、学士力における汎用的技能と態度・志向性に対応する学習成果を捉えようとしている。さらに、学修ポートフォリオとしてeポートフォリオを導入し、学生調査やアセスメント・テスト、科目の成績などを集積し、教務情報と結合した上でIRに用いたり、個々の学生への指導に活かしたりするなどしている（高橋他, 2014；山口大学, 2017）。元来、ポートフォリオは生徒・学生の学習成果を示す作品などを収集したものを指すのでタイプⅣに位置づけられるが、これらの大学では集積している情報の多くが量的評価で構成されていることがわかる。

Suskie（2009）は高等教育において、量的評価のほうが質的評価よりも一般的であると述べている。これは、評価者が量的評価の手法に慣れ親しんでいることに加えて、認証評価によっては学生の学習の量的評価に基づくデータを要件としていること、量的評価はより説得力があると考える学外関係者がいることを理由に挙げている。さらに、松下(2017)が述べるように、量的評価では測定値や尺度得点の客観性が重視される。これと、量的評価が客観的であるとみなして量的評価と客観的評価とを混同するケースがみられる(Suskie, 2009)ということは無関係ではないだろう。

しかし、量的評価＝客観的評価ではない。一般に客観的評価とは、評価(採点)の際に専門的な判断を必要とせず、評価者の主観をまじえずに、機械的に評価(採点)することが可能な評価のことを指す。それに対して、主観的評価は質の異なる回答がいくつも可能であり、評価(採点)の際には専門的な判断が必要となり、評価者の主観が混入する評価である(日本テスト学会, 2007；Suskie, 2009)。つまり、客観的評価か主観的評価かどうかは、評価の際に、評価者の主観が混入しそれによって結果が左右されるかどうかであり、評価データが量的か質的かということではない。また、標準テストは、全ての被評価者について、運営上の条件と手順が統一されているテストを指し(Wiggins & McTighe, 2005)、客観性が重視されるため客観的評価である場合が多いが、後述するように主観的評価が用いられる標準テストも存在する。

ただ、確かに、答申で求められているような「客観的なデータ」と分析に基づいてエビデンスベースで教育改善や改革サイクルを検討したり、高等教育における学習成果の実証的な研究をしたりする際に、タイプⅡの学生調査やタイプⅢの教育関連企業が開発した標準テストから得られる指標は、実行可能性が高く、客観性も高い(あるいはそう思われやすい)ために、よく使用されるのは頷ける。また、統計学的な分析は手続きや解釈などが決められている場合が多く、また様々な指標をかけ合わせて分析する柔軟性も高いため、統計学的な分析と親和性の高い量的評価が好まれることも納得がいく。

以上のように、日本の高等教育において学習成果の可視化の議論に注目が集まって以来、先進的な大学や実証的な研究において、主にタイプⅡとⅢの評価、すなわち量的評価によって学習成果の可視化や、他の変数との関連などの検討が試みられてきた。ただし、これで学習成果の可視化に関する議論が帰結したわけではない。その論点の1つとして、タイプⅡとタイプⅢのような量的評価によって、学士力や各大学・学部のディプロマ・ポリシーに掲げられているような学習成果を適切に捉えることができるのかどうかということが挙げられる。

第2節　高次の統合的な能力

第1項　高次の統合的な能力とその評価

松下(2010)によると、「学士力」に限らず、＜新しい能力＞概念(1980年代以降、特に90年代に入ってから多くの経済先進国で共通して教育目標に掲げられるようになった能力に関する諸概念)には、おおよそ①基本的な認知能力、②高次の認知能力、③対人関係能力、④人格特性・態度が含まれている。「学士力」はさらに、それらを統合・活用する「統合的な学習経験と創造的思考力(これまでに獲得した知識・技能・態度などを総合的に活用し、自らが立てた新たな課題にそれらを適用し、その課題を解決する能力)」(中央教育審議会, 2012, p.13)というカテゴリーを設けている。もともと「学士力」は、1998年の大学審議会答申「21世紀の大学像と今後の改革方策について —競争的環境の中で個性が輝く大学—」で示された「課題探求能力(主体的に変化に対応し、自ら将来の課題を探求し、その課題に対して幅広い視野から柔軟かつ総合的な判断を下すことのできる力)」(大学審議会, 1998)を高等教育が目指すべき高次の目標として位置づけた上で、それを中核に作成されているため(中央教育審議会, 2008)、このようなカテゴリーが設定されることは自然である。

このような能力は、②の、一般に高次の認知能力／スキル(あるいは高次の精神過程、高次の思考など)と呼ばれる「批判的思考」「問題解決」「創造性」「意思決定」「分析的思考」「表現力」など(Hart, 1994；平井, 2006, 2007；石井, 2015a, 2015b；松下, 2007；Wiggins & McTighe, 2005)に加えて、さらに①、③、④の統合を要求するものであるといえる。このように高次であり、さらに統合的な能力は、探究的な活動のように、自分自身で課題を見出したり設定したりして、それに対して自分のこれまでの既有知識・技能や周囲のリソースを適宜選択して用いながら、課題の解決を図る際に要求されると考えられる。以後、本研究では②高次の認知能力／スキルに加えて、①、③、④のような他の資質・能力を統合した能力を「高次の統合的な能力」と表記する。

このような高次の統合的な能力を育て、学習成果として捉えることが現在の高等教育には求められている。このような能力を形成するための具体的な手法として、昨今注目を集めているのがアクティブラーニングである（Bonwell & Eison, 1991；石井, 2015a；松下編, 2015；溝上, 2014）。また、その評価手法としてよく取り上げられるのは、パフォーマンス評価やポートフォリオ評価である（松下, 2016）。

パフォーマンス評価とは、「一定の意味ある文脈（課題や場面など）の中でさまざまな知識やスキルなどを用いて行われる学習者のパフォーマンス（作品や実演など）を手がかりに、概念理解の深さや知識・スキルを総合的に活用する能力を質的に評価する方法」（松下, 2016, p.14）である。前項の評価の分類にもあるように、タイプⅣ、すなわち質的評価であり直接評価である。日本の高等教育でこのような評価手法が昨今注目を集めているのは、先述のようなアクティブラーニングの普及、2014年の中央教育審議会の答申「新しい時代にふさわしい高大接続の実現に向けた高等学校教育、大学教育、大学入学者選抜の一体的改革について」（高大接続答申）において複雑な課題に知識・技能を活用して探究し表現する具体的な手法として導入が推奨されたこと、OECD-AHELO（Assessment of Higher Education Learning Outcomes）におけるジェネリックスキルの評価で、CLA（Collegiate Learning Assessment）のパフォーマンス評価型の課題が採用されたことなど、複数の要因が考えられる。しかし、いずれの要因にも、量的評価の標準テストで多用される多肢選択式や短答式の課題で構成されたテスト（タイプⅢ）や、学生調査のような学生の自己報告（タイプⅡ）の評価で、高次の統合的な能力をどの程度適切に捉えることができるのかという疑義が根底にある。

第2項　高次の統合的な能力と＜直接評価・間接評価＞

これまでみてきたように、タイプⅡのような学生調査は、日本の高等教育において「客観的なデータに基づいて学生の成長について現状評価する代表的な方法」(山田, 2013, p.27) であり、幅広いトピックを数多くの対象者に簡便に調査することが可能である (Banta & Palomba, 2015；Suskie, 2009) ため、学習成果の議論や関連する高等教育研究において多用されている。その中でも有力な学生調査のJCIRPでは、高校までの情報や大学での教育や設備、獲得した能力・スキル、大学での経験、学習行動など、情緒的側面や認知的側面を重視した標準調査となっている (山田, 2012, 2013)。このような学生調査を共通に多数の高等教育機関で継続的に実施することで、機関間の比較や、経年変化をみることが可能となる。そして学生の学習成果を捉えるための項目として、「獲得した能力・スキル」に該当する項目が代表的であろう。「以下の能力や知識はどの程度身に付いていますか」「入学時と比べてどの程度変化しましたか」といった教示のもと、「一般的な教養」「分析や問題解決能力」「批判的に考える能力」「他の人と協力して物事を遂行する能力」「専門分野や学科の知識」などの項目に対してリッカート形式で学生に回答させることで当該学習成果を得点化し、統計学的な分析に使用することが可能となる (例えば、宮本他, 2016；山田, 2012, 2015, 2016；山田・森, 2010)。

山田 (2013) によると、直接評価は学習成果を直接に測定することに適しているが、学生の学びのプロセスや行動を把握するには限界があり、間接評価はそれを補完し、成果につながる教育の過程を評価する機能をもっているため、教育のプロセス評価といえるという。質的転換答申においても、学生調査は学生の行動や満足度に関するアンケートを基本とするものとして紹介されている (中央教育審議会, 2012)。しかしながら、「獲得した能力・スキル」のように、機関・プログラムレベルの視点から学習成果そのものを捉えようとする項目があり、これらは学士力の「知識・理解」、「汎用的技能」、「態度・志向性」と関連するものが多い。よって、学生調査を機関レベル・プログラムレベルの学習成果の指標として使用する動きがあっても不自然ではない。

もし、学士力や当該大学のディプロマ・ポリシーに対応する学習成果の間接評価から得られる指標と、直接評価から得られる指標が線形的な関係、すなわち非常に強い (正の) 相関関係となるのであれば、どちらかの指標で事足りるということになる。もしお互いが代替可能なのであれば、実行可能性が高く、幅広いトピックを調査可能な間接評価で機関・プログラムレベルの学習成果の可視化を行っていくことが推奨されるだろう。

このような直接評価と間接評価に相関がみられるかという議論は米国の高等教育界においては古くからなされている（例えば、Anaya, 1999；Astin, 1993；Pike, 1996）。また昨今、同様の議論は日本の大学教育においても活発になってきており、大学教育学会の課題研究「学士課程教育における共通教育の質保証」（2013～2015年度）では、学習成果の直接評価と間接評価を併用する方策を模索するため、直接評価による評定結果と間接評価による評定結果の間にどの程度の相関がみられるのかを検討している（松下他, 2014；山田他, 2015；山田, 2015, 2016）。

それらの検討をふまえると、直接評価と間接評価の相関の有無や強さをめぐってはいまだ諸説ある状態である。しかし、Banta & Palomba（2015）が指摘するように、GPAのような事実の情報さえも、学生の報告を介することで正確に提供されない可能性があることを考慮すると、「分析や問題解決能力」「批判的に考える能力」「他の人と協力して物事を遂行する能力」のような高次の能力のみならず、「一般的な教養」「専門分野や学科の知識」といったものも自己報告でどの程度捉えることができるのか、慎重になる必要がある。

第3項　高次の統合的な能力と<量的評価・質的評価>

(1) 高次の統合的な能力と質的評価

学士力にもあるような高次の統合的な能力の質的評価として注目を集めているものとして、先述のパフォーマンス評価を挙げることができる。このパフォーマンス評価は、心理測定学を基盤としてはおらず、量的評価を代替したり補完したりするものとして位置づけることができる（Hart, 1994；松下, 2012）。パフォーマンス評価はもともと、量的な得点の信頼性や妥当性が担保された評価となることを重視する教育心理学者ではなく、それよりも学習や指導に役立つ評価となることを重視する教育（方法）学者の立場から強く主張されてきたものである。一方で量的評価の標準テストは一般的に、客観性が重視されるため、多肢選択法や再生法、正誤法といった客観的な（評価者の主観が混入しない）評価ができる問題で構成される。それらは大人数に実施可能で、適切に構成されれば結果の一貫性が保たれるという利点があり、多用されてきた（Hart, 1994）。歴史的にみれば、この立場に立つ評価研究は、より客観的な結果が得られるようなテストを開発する方向で動いてきた（市川, 1995）。しかし、量的評価の特徴（表序-1）にあるように、問題は細かく分割され、脱文脈的である。これらは、測定上の誤差を混入させず、後に述べるような得点の信頼性を高めるためである。そのような問題では、文脈から外れた細切れの内容を覚えているかどうかや理解しているかどうかといった低次の能力しか捉えることができず、また解答に至るプロセスがわからないため指導と学習の改善に役に立たない。このような批判がなされ、それらに代わる新しい評価の考え方や技術として「パフォーマンス評価」「真正の評価」「ポートフォリオ評価」「ルーブリック」などが登場した（Hart, 1994；石井, 2015a）。

その中の1つであるパフォーマンス評価は、①パフォーマンスを実際に行わせてそれを直接評価するという評価の直接性、②パフォーマンスは具体的な状況の中で可視化され、解釈されるというパフォーマンスの文脈性、③それ以上分割すると本来の質を失うという、一まとまりのパフォーマンスを行わせるというパフォーマンスの複合性、④そうした質の評価のために評価基準と複数の専門家の鑑識眼を必要とするという評価の分析性と間主観性、といった特徴がある（松下, 2010）。また、その評価課題であるパフォーマンス課題は、「リアルな状況で、様々な知識や技能を統合して使いこなすことを求めるような課題」（松下, 2012, p.81）である。ルーブリックは「パフォーマンス（作品や実演）の質を評価するために用いられる評価基準のことであり、一つ以上の基準（次元）とそれについての数値的な尺度、および、尺度の中身を説明する記述語からなる」（松下, 2012, p.82）。

パフォーマンス課題は、その定義にあるようにリアルな状況で様々な知識や技能を統合して使いこなすことを求めるものであるため、量的評価とは異なり、文脈に沿った高次の統合的な能力を捉えることに親和性が高い。また、ルーブリックはその記述語によってパフォーマンスの質を解釈するツールであるが、質を段階的に示すので、順序尺度として数値に変換することが可能である。さらに、量的評価とは異なり、鑑識眼をもった評価者の主観を誤差として排除しようとはしないが、恣意的にならない（論理的な必然性がある）ようにする必要があるため、主観のつき合わせや調整によって間主観性を担保することが求められる。ルーブリックはそのような調整のためのツールともなる（松下, 2012）。

加えて、ルーブリックは、パフォーマンス全体を一まとまりのものとして捉える「全体的ルーブリック」と、1つのパフォーマンスを複数の観点で捉える「分析的（観点別）ルーブリック」として作成可能である（石井, 2015a；松下, 2012；Wiggins & McTighe, 2005）。一般に、全体的ルーブリックは学習過程の最後の総括的評価の段階で全体的な判断を下す際に有効であるのに対し、分析的ルーブリックはパフォーマンスの質を向上させるポイントを明示するものであり、学習過程での形成的評価に有効である（石井, 2015a）。

このように、パフォーマンス評価は、高次の統合的な能力を捉えることに親和性が高いものである。加えて、正解といえるものがいくつも存在する混沌とした現実社会の問題を解くことで、現実的な解決策を学ぶことができ、さらにルーブリックによってエキスパートの思考の枠組みを学ぶことができる（石井, 2015a；Suskie, 2009；Wiggins & McTighe, 2005）。すなわち、「学習としての評価」として注目されている。

(2) 高次の統合的な能力と量的評価

量的評価が基盤とする心理測定学においても、直接評価によって、知識・理解よりは高次のレベルの能力を捉えようとする試みが行われている。多肢選択法をはじめとする客観的評価ではなく、パフォーマンス評価型の記述式・論述式・実技など、評価（採点）の際に機械ではなく人間に頼らざるを得ない主観的評価に対して、心理測定学的な検討を行い、その測定精度などを明らかにしたり、分析の枠組みを提案したりする研究も増えてきている（例えば、Brennan, 2000；平井, 2006, 2007；宇佐美, 2010；宇都・植野, 2015；渡部・平井, 1993など）。

また、高等教育における学習成果の可視化においても、標準テストによって高次の統合的な能力を捉えようとする動きがある。

米国の高等教育では日本に先んじて学習成果の可視化の議論がされてきた。2006年の「スペリングス・レポート」では、連邦政府が高等教育機関に対し、学生が応分の学習成果を獲得していることを直接評価から得られる直接的指標によって客観的かつ統一的な形で示すことを求めた(森, 2012)。そのような直接評価としてよく用いられるようになったのが、MAPP(Measure of Academic Proficiency and Progress)、CAAP(Collegiate Assessment of Academic Proficiency)、CLAといった標準テストである(松下, 2012)。これらは質的転換答申におけるアセスメント・テストの具体例として紹介されている(中央教育審議会, 2012)。

その中でもCLAは、多肢選択法で構成されたMAPPやCAAPと異なり、多くの学問領域に通底する「批判的思考」「分析的推論」「問題解決」「文章表現」といった汎用的な能力を測定することに重きが置かれている。実生活を想定した状況においてどのような判断をするのか、またその理由を記述させるといったパフォーマンス課題を基本としたテスト構成となっていることが特徴である。そのような能力を標準的に測定することで、大学間での比較ができるように、また入学時と卒業時のデータをもとに付加価値が検討できるようにデザインされている(Benjamin et al., 2009; Shavelson, 2010)。つまり、量的評価の枠組みにパフォーマンス課題を適用し、大規模な標準テストと、同一の評価基準によって、比較的高次の能力を捉えようとするものであるといえる。

日本においても、ベネッセ i-キャリアが開発したGPS-Academicのように、「批判的思考力」「協働的思考力」「創造的思考力」といった高次の能力を捉えるために、問題から読み取ったことに自分の考えや経験を統合して書くパフォーマンス課題で構成された標準テストが開発されている(ベネッセi-キャリア, 2016)。ただし、これらは標準テストであるがゆえに、汎用性のあるスキルや能力の測定が重視されているため、それらと専門的な知識やスキル、能力との統合などは射程外である。

第4項　日本の学習成果の可視化の現状とタイプⅣを中心とした取り組みの事例

これまでみてきたように、日本の高等教育における学習成果の可視化への要請を考慮すれば、学士力や各大学・学部のディプロマ・ポリシーに対応する能力の評価が必要である。そしてそのような評価は、知識・理解だけではなく、高次の統合的な能力を捉えることを射程にしている必要があるといえる。2017年に報告された文部科学省の調査（2015年度のデータ）によると、課程を通じた学習成果の把握を行っている大学は47.5%にとどまる。また、その中で、知識・理解や汎用的能力（コミュニケーション・スキルや数量的スキルなど）に関して調査・測定を行っている大学は順に64.7%、68.1%である。高次の統合的な能力に対応すると考えられる、獲得した知識などを活用し、新たな課題に適用し課題を解決する能力に関しては45.5%である。さらにそのような学習成果の把握方法として、外部の標準テストなどを利用している大学は67.8%、学生の学習経験を問うアンケート調査は42.7%、学習評価の観点・基準を定めたルーブリックの使用は14.4%である（文部科学省, 2017）。

これらから、日本では機関・プログラムレベルの学習成果の把握を行っている大学は半分程度であり、その把握方法は学生調査や教育関連企業による標準テスト、すなわち、学習評価の分類のタイプⅡやタイプⅢが多用されていることがわかる。また､そのような評価方法で射程とされているのは知識･理解や汎用的なスキル・能力が多く、高次の統合的な能力は少ないようである。学生調査や標準テストによって、「客観的なデータ」に基づいて当該大学の特徴を把握することはできるだろう。しかし、それはあくまで、それらの評価が捉えることができる学習成果に限っての話である。それらの評価が射程外にしている学習成果に関しては、他の評価によって補完していく必要がある。

このような日本の状況とは異なり、米国ではすでに、標準テストに対して明確に対抗する立場から、タイプⅣのような質的評価を中心に学習成果の可視化を目指そうとする動きが進んでいる。機関レベルの学習評価として､「全米規模の学生調査」について、「ルーブリック」や「クラス単位のパフォーマンス評価（の蓄積）」が使用され、また重視されているところからみても、学生調査や標準テスト（のみ）に頼らずに、学習成果の可視化を試みる米国の状況がうかがえる（Kuh et al., 2014；松下, 2017）。

そのような動きの1つとして、AAC&U（Association of American Colleges & Universities）のVALUE（Valid Assessment of Learning in Undergraduate Education）プロジェクトが挙げられる。Rhodes（2009a）は、標準テストはサンプルになった学生のみが対象であること、ある時点を切り取った学習成果の把握の仕方であること、評価結果が指導や学習の改善に役に立たないことなどを指摘し、それらを克服する代替的な評価方法として、eポートフォリオに収められた学生のワークをVALUEルーブリックによって評価するという方法を挙げている。

VALUEルーブリックは、全米の大学を代表する大学教育の複数の専門家によって、すでに活用されている既存のルーブリックを幅広く調査し、学習成果の記録を参照し、また教員からの意見を追加するなどのプロセスを経て開発された。教養教育によって形成されるべき能力として抽出された16の能力を機関レベルで捉えるための長期的ルーブリックであり、また各能力は複数の観点によって構成された分析的ルーブリックとなっている。4つのレベルで尺度化されており、またそれぞれのレベルは大まかに各学年に対応しており、標準テストとは異なる形で付加価値を評価できるようにデザインされている。それらのルーブリックは、各大学・学科・科目の文脈に合わせて修正して使用するように推奨されており、それにより、大学をこえた共通性と大学間の多様性の両立が図られている（濱名, 2012；松下, 2012, 2017；Rhodes, 2009a, 2009b, 2010；Rhodes & Finley, 2013）。このようなツールをもとに、各大学・学部のミッションや教育目標に対応するルーブリックを作成し、主要な科目でのパフォーマンス評価や、他の評価情報なども含めて蓄積されたポートフォリオの評価を行うことで、学生調査や標準テストでは捉えることのできない、文脈に沿った高次の統合的な能力を捉えて可視化していくことができる可能性を、VALUEプロジェクトは提示している。

日本において、長期的ルーブリックとポートフォリオによって学習成果を可視化する仕組みを先進的に取り入れた大学として、関西国際大学がある。

関西国際大学では、大学の教育理念を実現するために学生が卒業までに身に付ける必要のある能力(「情報収集・活用力」「問題発見力」「計画・実行力」「自己表現力」といった能力や、その統合)と、その到達基準をルーブリックによって示したKUIS学修ベンチマークを作成している。また、学部・学科ごとに、KUIS学修ベンチマークと学問領域の文脈をふまえた同様の長期的ルーブリックが作成されている。この長期的ルーブリックとポートフォリオを活用し、学習成果の可視化を行っていることに加え、春・秋学期開始直前に学業成績、レポートやテストの答案を返却し、前学期の振り返りと次学期の目標設定を行うリフレクション・デイを導入して学生の自己学習管理能力の形成を目指す取り組みを行っている(藤木, 2015;濱名, 2012)。これらの取り組みは、量的評価による学習の証拠資料が多いものの、大きくはタイプⅣに分類されるものであり、自大学・学部のディプロマ・ポリシーに対応するルーブリックを作成し、全ての学生に対して、質的評価と直接評価によって文脈に合わせた学習成果の可視化を行おうとしている点、またそれによって高次の統合的な能力を捉えようとしている点、さらにそれを学生の学習に活かすという点で、学生調査や標準テストに対する先の批判を乗り越えるものであるといえる。ただし、このようなことを実現するには全学的な議論とコンセンサスが必要であり、組織体制がそのようになっていない大学には敷居が高いと考えられる。

関西国際大学の事例は機関・プログラムレベルにおいて、タイプⅣの学習評価によって学習成果を可視化する取り組みであるが、特にプログラムレベルに注目した同様の取り組みとして、新潟大学歯学部の事例が挙げられる。新潟大学歯学部では、新潟大学のディプロマ・ポリシーを専門性の文脈で言い換えた歯学部独自のディプロマ・ポリシーを策定しており、それらは問題解決能力／歯科臨床能力を身に付けることを重視したものになっている。さらに、このディプロマ・ポリシーに直接関連するいくつかの重要科目で、ルーブリックを用いたパフォーマンス評価を実施している。具体的には、学年進行に伴って、「初年次教育におけるレポート評価」「PBLにおける問題解決能力の評価」「模型実習における歯科臨床能力の評価」「患者実習におけるポートフォリオ評価と臨床パフォーマンス評価」が行われており、後ろにいくにつれて問題解決課題として、より高い専門性・総合性・真正性をもつようにデザインされている。このように、プログラムレベルの目標に関する評価を複数の科目の中に一貫性・体系性をもって組み込んでいる（小野, 2017）。関西国際大学との違いは、ディプロマ・ポリシーに対応する高次の統合的な能力を捉えるため、それと関連性の高い特定の重要科目に絞ってパフォーマンス評価を行うことにより、タイプⅣの評価によるプログラムレベルの学習成果の把握を試みていることである。

第3節　異なるタイプの評価の架橋と統合の必要性

第1項　質的評価と量的評価の分断とその架橋の必要性

さて、今後、日本の高等教育でも、米国のように学生調査や標準テストを代替・補完するものとして、タイプⅣの評価によって機関・プログラムレベルの学習成果の可視化を行おうとする議論が活発になっていく可能性がある。ルーブリックを用いれば質的評価を量的なデータに変換することが可能なため、量的評価のように数値的な可視化や分析に基づいて、教育改善や改革サイクルを検討するなどといったことが行われていく可能性もあるだろう。統計学に基づいて、様々なデータを集約したり、関連を検討したり、予測や推測を行うといった手法の利便性や、そこから得られる知見のインパクトはやはり大きい。特に、特定の学習成果に対して学生のどのような学習プロセスや学習経験が説明力をもつのか、効果的なのかといった検討は、教育改善や新たな介入の検討に活かすことのできる知見として有力である。特に、学習成果と、他の変数や特定の教育的介入との関連に関して、統計学的な検討によって報告された統計量をもとに、それらを統合するためのメタ分析を行い、よりエビデンスレベルが高くインパクトの大きい知見を得る研究なども行われており（例えば、Hattie, 2008；Richardson, Abraham & Bond, 2012）、これらはそのような統計量が統合可能だからこそできることである。日本の高等教育の実証的研究やIRでは、そのような問題意識から、何かしらの量的評価によって学生の学習成果を捉え、学習者要因や環境要因との関連を分析するなどして、高等教育研究に寄与してきた。高次の統合的な能力に対して、同様の問題意識でそのようなことを明らかにすることには、やはり意義があると考えられる。

一方、松下(2012)が指摘するように、質的評価は高次の能力について広い範囲をカバーし、評価場面と実際に能力の発揮が求められる場面が近いという点で内容的妥当性や表面的妥当性という意味での妥当性は高いが、信頼性、公平性、実行可能性という点では難しさを抱えている。また、Suskie(2009)が述べるように、大学教員や学外関係者が量的評価を好むのは、裏を返せば質的評価に対する同様の疑義があると考えられる。特に信頼性は、その評価の再現性や一貫性に関わる概念である。しかしながら、主観的評価であっても信頼性が高ければ、それは再現性や一貫性が高いことになり、いわゆる「客観的なデータ」に求められる要件を満たす可能性が高くなる。すなわち、質的評価からルーブリックなどによって数値化した指標が、どれほどの信頼性を担保しているのかを示すことは、これらの議論を進める出発点として重要であるといえる。また、それが担保されていなければ、学生の学習プロセスや学習経験といったものと関連を統計学的に分析する上で、相関の希薄化などの問題を引き起こすことになる。

評価の良し悪しを論じる際に、量的評価の立場に多いと考えられる教育心理学者は、心理測定学(テスト理論)を軸に、特に信頼性や妥当性を中心に論を展開する傾向にある。それに対して、質的評価の立場に多いと考えられる教育(方法)学者はカリキュラムや実際の教育場面との関係性を軸にして論じる傾向にある(山口・石川, 2012)。しかしそのような傾向を認めた上で、質的評価においても信頼性を検討する必要があると考える。それは、質的評価を量的データに変換し、学習成果の可視化や他の変数との関連を検討することに利用することは、量的評価でなされる議論の俎上に載せることに他ならないからである。ただし量的評価の立場と質的評価の立場によって、信頼性の扱い方に差異があることに留意したい。

心理測定学において、信頼性(一貫して・安定して測定しているかどうか)は妥当性（測りたいものを測定しているかどうか）の必要条件である。これはつまり、信頼性が高くても妥当性が高いとは限らないが、信頼性が低ければ妥当性も低いことを意味する。このような心理測定学の考え方を直観的に表しているのが、ダーツのアナロジーである（**図序-2**）。的の中心が、「本来測りたかった構成概念」を表し、的から外れるに従って、「的外れ」な測定が行われたことを表している。このように、信頼性が低いということは、的のどこにも集中して当たっていないので、当然中心からも外れており、妥当性も低いということになる。また、心理測定学では伝統的に、妥当性を基準連関妥当性、構成概念妥当性、内容的妥当性の3側面から論じることが多かった。しかし昨今では、統合的な妥当性概念として、構成概念妥当性が妥当性そのものであるという捉え方が主流となっている。特筆すべきは、そのような捉え方のもとでは、これまで妥当性と区別されてきた信頼性が、構成概念妥当性を支える1つの証拠（一般化可能性に関する証拠）とみなされるということである（Messick, 1995；村山, 2012）。このように、信頼性が低いという状態は妥当性に対する重大な疑義となるため、まず当該測定の信頼性を論じることが多いのである。

それに対して、質的評価の論者は信頼性と妥当性の関係性に関して異なる捉え方をする。例えば西岡（2010）は、運転免許の路上検定を例に出し、そのような評価は偶然の要素（心理測定学的にいえば測定誤差）に成否が作用されることもあるが（信頼性が低い）、しかし、実際の道路を安全に運転できるかどうかを評価せずに免許を与えるのは不合理である（妥当性に着目）。このように、真

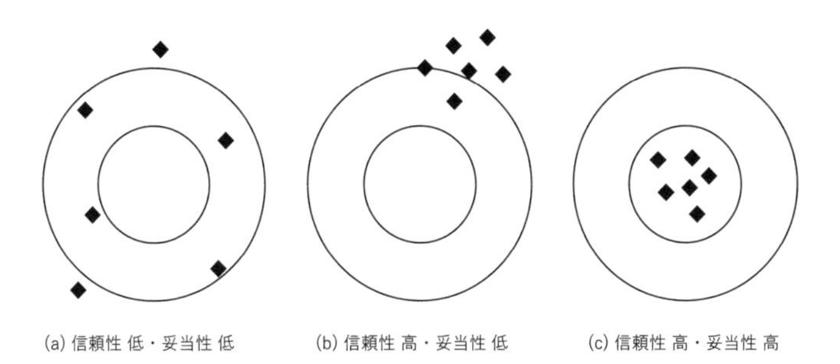

図序－2　心理測定学における信頼性と妥当性の関係

出典）村井編（2012）p.63、図3.3を参考に作成

正の評価（この文脈では、リアルな状況におけるパフォーマンス評価）は、信頼性を多少不問にしても妥当性を確保することが重要だという考えに基づいていると述べている。しかし、これを心理測定学的にいえば、構成概念妥当性に関して、内容的な側面の証拠はあるが（表面的妥当性、内容的妥当性は高い）、一般化可能性の側面の証拠がない（信頼性が低い）ということであり、結局妥当性への疑義が生じることになる。

また、質的評価では、主観的評価であることから、複数の評価者間や評価者内の信頼性が語られることが多い。ルーブリックはそれを担保するための機能をもつといわれるが、実際にはルーブリックを用いたとしても、評価者間信頼性はそこまで高くならないという実証的な知見も複数出されている（平井, 2006；松下他, 2013；宇佐美, 2011；山西, 2005）。さらに、心理測定学において信頼性は、評価者間信頼性や評価者内信頼性以外の側面からも捉える必要がある。ある能力を捉えるためのパフォーマンス課題において、分析的ルーブリックを用いて、複数の評価観点から複数評価者が評価した場合、その能力を得点化する際には複数の評価観点・評価者の平均（合計）点が用いられることが予想される。その場合、評価者間の評価の整合性や一致度のみならず、評価観点間の内的整合性も考慮して信頼性を検討する必要がある。つまり、複数の評価者の整合性や一致度が高かったとしても、複数の評価観点の内的整合性が低ければ、それらの平均（合計）点の信頼性は低くなる。逆もまた然りである。

このように、もし学習として意味のある評価であったとしても、信頼性が担保されていないのであれば、学習成果の可視化などの議論の俎上に載せる際に、量的評価の立場からの批判は免れないし、大学教員や学外関係者も受け入れがたいのではないだろうか。また、効果を検討する際に、より高いエビデンスレベルを重視する動きは昨今の日本でも顕著になってきており（石井, 2015c）、そのような傾向にある学問領域の大学教員に対して質的評価から得られた情報を説得的に示そうとする際に、評価の信頼性の担保は避けては通れない事項と考えられる。

以上のように、量的評価と質的評価には、当該評価の良し悪しを検討する視点にも差異がある。それぞれの評価が目的も役割も住み分けて存在するのであれば、それぞれ妥当だと思われる視点で検討すればよい。しかしもし、タイプⅣのような質的評価を、量的評価の文脈で多く積み重ねられてきた学習成果の可視化や統計学的な検討につなごうとするのであれば、量的評価において受け入れられる評価としての基準を、一定程度満たす必要があるといえる。ただし、それを意識するあまり、質的評価の本来の機能を失ってしまっては質的評価である意味がなくなってしまう。

よって、質的評価の本来の機能を失わせずに、しかも量的評価が要求する評価としての基準を一定程度満たし、これまで量的評価が主に担ってきた議論の俎上に載せるというかたちで両者を架橋することができれば、昨今の高等教育への要請に対応した検討が可能になるのではないだろうか。

第2項　直接評価と間接評価の併用と統合的分析の必要性

では、昨今の高等教育への要請に対応した検討とはどのようなことを指すのか、具体的に述べたい。これまで、高等教育において量的指標を扱う実証的な研究では、学生の学習成果にどのような要因が影響を与えるのかという検討が数多く行われてきた。そのような検討をすることで、大学や教員がどのような教育や環境を提供するべきか、また、学生の個人差をどのように扱ったら良いのか、ということをエビデンスベースで議論することができる。特に海外では、複数の類似する研究の結果（効果量）を統計学的な手法によってまとめ、よりエビデンスレベルの高い知見を得ようとするメタ分析が盛んに行われている。そのような研究の代表的なものとして以下のようなものがある。

まず挙げられるのは、特定の教育実践や介入の効果を検討しようとする研究である。特定の実践を行った群とそうでない群を設定し、事前事後の得点の変容や事後のみの得点を群間で比較する手法である。一般にはこのような（準）実験研究（南風原, 2011）の形をとる。例えばFreeman et al.（2014）は、STEM分野において、伝統的な授業を受けた学生とアクティブラーニング型の授業を受けた学生とで試験成績や概念テスト（Concept Inventories）の得点などを比較した複数の研究における差の効果量をメタ分析した。その結果、アクティブラーニングのほうがポジティブな効果が得られることを報告している。

次に挙げられるのが、学生のタイプや学習プロセスの個人差、高校までの成績など、すなわち学習者側の要因や、環境の要因、デモグラフィック要因などが学習成果の個人差をどのように説明するのかを検討しようとする研究である。一般に、調査観察研究（南風原, 2011）の形をとる。例えば、Richardson et al.（2012）は、大学におけるGPAに対して、学習者要因（パーソナリティ、動機づけ、学習方略や学習へのアプローチ、高校までの成績など）との関連を検討した複数の研究における相関の効果量をメタ分析した。その結果、勤勉性や自己効力感、精緻化方略、学習への深いアプローチなど、複数の学習者要因とGPAがポジティブな相関関係を示すことを報告している。同様に、Noftle & Robbins（2007）は、GPAやSATと、パーソナリティとの関連に注目したメタ分析を行い、勤勉性がGPAとポジティブな相関関係を示すことを報告している。さらに、Robins et al.（2004）は、GPAやリテンション（大学への定着）と、学習者要因（動機づけ、汎用的スキル、自己効力感など）、所得、大学の規模、経済的支援など学習者以外の要因にも注目したメタ分析を行い、達成動機や自己効力感がGPAとポジティブな相関関係を示すことを報告している。

このようなメタ分析から得られた知見は、教育に関しての議論をする上で強いエビデンスとなるだろう。ただし、メタ分析によって複数の研究から得られた統計量の統合を行うには、測定に使用している尺度やテストが同じであるか、異なったとしても、構成概念として同じものを測定しているという前提が必要である。よって、このような研究では、学習成果の直接的指標としてGPAや標準テストが使われやすい。

日本の高等教育研究においても、メタ分析とはいかないまでも、大規模なサンプルを集めた調査観察研究によって、学習成果と学習者要因、環境要因、デモグラフィック要因などとの関連を検討したものは複数存在する。ただし、学習成果に関しては間接的指標を用いている場合が多い。

そのような例として、山田(2007)は、米国のカレッジ・インパクト研究で影響力をもつAstinのI-E-O(既得情報－環境－成果)モデル(Astin, 1993)を基盤として、大規模な学生調査から複数の学習成果を間接評価によって捉えた。それらを従属変数とした重回帰分析によって、例えば古典的教養知(分析や問題解決能力、一般的な教養、批判的に考える力などで構成)が、学生の適応(効果的に学習する技能を習得する、学生向けサービスを上手に利用する)といった学習者要因や、教員の教育課程や授業に対する助言や指導、教育の質といった環境要因によってポジティブに説明されることを報告している。

他にも、同様に学習成果を間接評価によって捉え、それらを説明する要因などを検討した研究として、山田・森(2010)の正課・正課外活動との関連(それらの活動にどのような意味があったか)の検討、岡田他(2011)の学習スタイルとの関連の検討、伏木田・北村・山内(2014)のゼミナールの授業構成との関連の検討、などが挙げられる。

このような研究の積み重ねは、大学生の自己報告による学習成果に対して、どのような要因が影響を与えうるのかというモデル化に貢献してきた。ただし、学習成果の指標はあくまでも間接評価から得られたものに限定されている。また、学生調査用の項目であるため、汎用的技能が中心である場合が多い。これまで議論してきたような高次の統合的な能力を、直接評価で捉え、同様の検討を試みようとした研究は少ない。

以上をふまえると、高次の統合的な能力を直接評価によって捉え、そのような能力にどのような要因が寄与するのかを統計学的に検討することで、その形成に対して有効な教育方法、学習者の学習プロセスなどの議論ができ、新たな知見を得ることができるだろう。あるいは学習者の特性によって、それらの効果がどのように違うのかといったことも議論できるだろう。とはいえ、質的評価によって妥当な形で高次の統合的な能力を捉え、それが統計学的な分析に耐えうる量的指標に変換できたとしても、評価負担の大きい質的評価では、一般化が強くできるほどの大規模データを収集することは現実的には難しい。

そのための代替案として、以下のような方法を提示したい。コース(科目)

レベルの実践に焦点を当て、コースにおける直接評価を通して高次の統合的な能力を捉えて量的指標化し、その変容にどのような要因が影響を与えるのかを統計学的に検討するというものである。そのような検討には、同様のコースや評価にしか一般化できないという限界がある。しかし、それらの情報を積み重ねていくことで、また同時にそのコースの情報も蓄積していくことで、先述のメタ分析的な手法によって、より一般化しうる情報へと洗練させていくことができるのではないだろうか。

このように特定のコースに注目するのであれば、高次の統合的な能力に寄与する要因として、基本的には学習者側の要因に注目することが妥当であろう。提供される教育環境などは、そのコースを履修する学生間で、あまり違いはないと考えるのが自然だからである（ただし、サービスラーニングのように、学生間で環境が異なることが想定される授業であれば、環境要因も重視する意味が出てくるだろう）。そして、能力の形成に影響を与えると考えられる学習者要因の中でも、動機づけや認知的方略、自己効力感といった認知的な学習プロセスや心理的構成概念は、学生の自己報告に依拠することが適切だと考えられる。

つまり、特定のコースにおいて、高次の統合的な能力を、パフォーマンス評価など妥当な直接評価で捉えた上で量的指標化する。また、それに寄与すると考えられる動機づけや学習方略といった学習者要因に関しては、間接評価によって捉えて量的指標化する。すなわち、目的に合わせて直接評価と間接評価を併用する。さらに、それらを統計学的な手法によって統合的に分析していくことで、高次の統合的な能力の形成の議論に有用な知見が得られるのではないだろうか。もちろん、1つのコースのみでは一般化できる範囲が非常に狭いが、そのような検討の情報が増えていけば、適した統計学的手法によってその問題を克服することは可能と考えられる。昨今の高等教育に対する、高次の統合的な能力の形成とその評価に関する要請にこたえる方向性を示す、その端緒として、このような検討には大きな意義があるだろう。

第4節 本研究の問題と目的

以上のような議論から、本研究の問題意識は以下のようにまとめられる。

昨今の日本の高等教育では、機関・プログラムレベルの学習成果の可視化と分析に基づいて、教育改善や改革サイクルを検討することが求められている。これまで、学習成果の可視化には、量的評価の学生調査や標準テストが多く用いられてきた。それらは統計学的な分析と親和性が高く、柔軟な検討が可能なものであり、高等教育における実証的な研究において有用な知見を提供してきた。

しかしながら、学生調査や標準テストだけでは各大学や学部の文脈に沿った高次の統合的な能力を捉えることは困難だと考えられる。そのような能力を捉えることに適した代替的な評価として、質的評価にカテゴライズされるパフォーマンス評価やルーブリックの活用を挙げることができる。ただし、質的評価は本来、数値化や標準化、客観性を志向するものではなく、特にコースレベルで用いられる際には、形成的評価や学習としての評価という側面が強い。つまり、コースレベルで実施されているパフォーマンス評価は、量的評価で一般に行われているような議論に利用可能かどうかはわからない。客観性を重視し、特に信頼性が担保されるようにパフォーマンス評価をデザインすることも可能だと考えられるが、そのようにすることで質的評価としての本来の機能を失ってしまう危険性がある。

したがって、もし、パフォーマンス評価を、質的評価としての機能を損なわずに、量的評価で蓄積されてきた議論の俎上に載せることができるのであれば、昨今の高等教育への要請に応える有用な知見が得られると考えられる。そのために検討すべきこととして、高次の統合的な能力の形成に寄与する学習者要因を明らかにすることが挙げられよう。どのような要因が重要なのかを同定することで、指導や学生の学習改善に資する知見を得ることができる。これまで、学習成果に寄与する要因を統計学的分析によって検討する研究は多く行われてきたが、それらのほとんどは、高次の統合的な能力については射程外である。よって、検討する学習成果が変われば、すなわち従属変数が変われば、寄与する要因やその度合いも異なってくる可能性がある。

本研究では以上の問題意識から、高次の統合的な能力を捉えるために、あるコースで行われたパフォーマンス評価の実践を取り上げ、以下のような検討を行うことを目的とする。

①まず、パフォーマンス評価とルーブリックによって得られた量的指標は、信頼性を担保することができるのかという点を中心に、それらはどのような特性をもった評価といえるのかを、量的研究（心理測定学）で一般に用いられる手法によって検討する。

②その結果、もし量的評価で求められる水準を満たすようなものであるとすれば、続いて、パフォーマンス評価（直接評価）の評価結果と、学生調査（間接評価）の評価結果は果たして代替可能なのかを検討する。もし代替可能なのであれば、より簡便に実行できる間接評価の有用性が出てくる。逆に代替可能でないのであれば、直接評価の独自の意義が強調されるだろう。またその際、学生の自己評価能力を考慮した考察を行うために、パフォーマンス評価の教員による評価結果に加え、学生の自己評価結果も関連を検討する対象とする。

③ ①②の検討から、本研究で検討対象とするパフォーマンス評価が量的研究で求められる水準を満たしており、間接評価によって代替可能でないということがわかれば、このパフォーマンス評価を用いて指導や学生の学習の改善に有用な知見を探索していくことに移ることができる。まず、形成的評価としてのパフォーマンス評価の機能を強調した実践の効果の検討を行う。エキスパートである教員の間でも評価にズレが生じる高次の統合的な能力に関して、ノービスの学生は適切に自己評価できるのだろうか。学生が自身の状態を適切に自己評価できなければ、自身の学習を計画したり改善したりすることが困難になるだろう。これは、④の学習プロセスの議論と関連するものである。そこで、ルーブリックを活用し、教員による評価と自己評価のズレを振り返る活動による、学生の自己評価能力へ及ぼす効果の検討を行う。

④それでは、そのコースにおいて、どのような学習プロセスが目標としている高次の統合的な能力の形成に有効なのだろうか。そのような能力に関す

る指導や学生の学習の改善の議論に資する情報を探索するために、またそのような取り組みの端緒とするために、高次の統合的な能力の変容に寄与する学習者要因の検討を行う。学習プロセスを簡便に捉えるためには、間接評価が有効であろう。そのために、あるコースにおける動機づけや学習方略などを捉えるための質問紙（間接評価）を開発する。そして、これら直接評価と間接評価を合わせて分析し、高次の統合的な能力の形成に寄与する学習者要因を明らかにする。このように一般的傾向を統計学的な分析によって探索することで、そのコースにおける学生への学習改善の指導に有用な知見を得る。限られた事例ではあるが、直接評価と間接評価を、それぞれの機能を損なわせずに上手く活用しながら統合し、指導や学生の学習改善に活かすことのできる方向性を提示する。

このような検討を行う上で、新潟大学歯学部のパフォーマンス評価の実践は適合的である。そこでは、高次の統合的な能力を捉えるため、一貫性・体系性をもってコースに埋め込んだパフォーマンス評価の実践（タイプⅣ）を行っている。加えて、学生調査（タイプⅡ）も実施しており、本研究の検討に必要な評価情報を収集することができる。よって、本研究では新潟大学歯学部のパフォーマンス評価の実践を検討対象とする。

第5節　本研究の対象

第1項　新潟大学歯学部におけるカリキュラムとパフォーマンス評価

本節では、小野（2017）と小野・松下（2015, 2016）を参考に、本研究で検討対象とする重要科目の内容とパフォーマンス評価を概説する。なお、詳細については、第1章で述べる。

新潟大学歯学部は、歯学科と口腔生命福祉学科の2学科からなる。歯学科は6年制、口腔生命福祉学科は4年制であり、1学年の学生数はそれぞれ40名、20名である。そこでは全学のディプロマ・ポリシーと整合性のある形で、なおかつ専門性の文脈で言い換えた「変化の激しい現代社会のなかで、新たな諸課題に関係者と適切に連携しながら問題解決を図っていく能力を備え、全人的医療を実践できる高い歯科臨床能力を有する者に学位を授与する」というディプロマ・ポリシーを掲げている。特にディプロマ・ポリシーにある問題解決能力／歯科臨床能力を身に付けることを重視しており、それに直接関連するいくつかの重要科目で、ルーブリックを用いたパフォーマンス評価を実施している。

学年進行に沿って、「初年次教育におけるレポート評価」「PBLにおける問題解決能力の評価」「模型実習における歯科臨床能力の評価」「患者実習におけるポートフォリオ評価と臨床パフォーマンス評価」が行われている。これらは後ろに行くほど、問題解決課題として、より高い専門性・総合性・真正性をもつようにデザインされている。第1学年を除き、各授業科目の実施順序は学習内容により決められるモジュール制カリキュラムになっており、それぞれの学習内容に関連性をもたせているとともに、関連した内容の授業はその形態によらず、可能な限り同時期に実施している。PBL、講義、実習、演習を有機的に配置するものとなっている。

複数のパフォーマンス評価が実施されているが、本研究において検討対象とするのは、その一部の「大学学習法」という科目におけるレポート評価（両学科第1学年）と「PBL科目」の改良版トリプルジャンプ（口腔生命福祉学科第2学年）である。

第2項 「大学学習法」とそのパフォーマンス評価

第1学年における「大学学習法」（15週30回）という科目は、自立・自律した学習者としての基礎として、レポート作成およびプレゼンテーションという学習活動を通して、学生に問題解決力、論理的思考力、表現力を身に付けさせることを目標としている。学期の最後に講義・演習での知識や技能をもとにレポートを作成し、その内容をプレゼンテーションするよう課題を課している。

学生は、授業時間外に、約1か月間をかけてレポートを作成し、その内容をプレゼンテーションの授業において発表する。そして、教員からの質問やクラスメートからの意見を参考にして、レポートを完成させる、という流れ

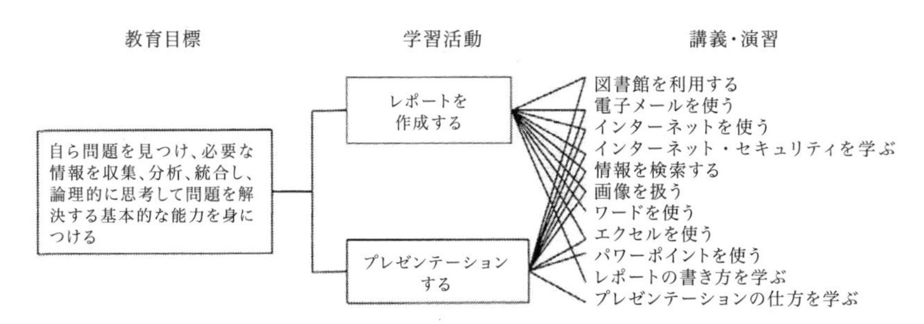

図序－3　大学学習法の教育目標と学習活動、講義・演習との関連

出典）小野・松下（2016）p.29、図2-1の一部を引用

である（**図序-3**）。この完成されたレポートを成果物として、複数名の教員が、学生のアカデミック・ライティング能力を分析的ルーブリックによって評価する。評価においては、知識の量や意見の当否より、問題解決や論理的思考、文章表現が重視される。本研究では、このレポート評価を検討対象とする。

第3項　「PBL科目」とそのパフォーマンス評価

新潟大学歯学部のPBLは、歯学科では第5学年、口腔生命福祉学科では第2学年から第4学年で行われている。本研究で検討対象とするのは、口腔生命福祉学科の第2学年で行われているPBLとそのパフォーマンス評価である。

このPBLはProblem-Based Learning、すなわち問題基盤型学習であり、統合された知識を習得させるとともに、問題解決能力、対人関係能力を向上させることを目標にしている。当学科の第2学年1年間のPBLカリキュラムを**図序-4**に示す。第2学年前期は専門教育への本格的な導入学期であり、PBLを理解し実践するとともに、歯科衛生士や社会福祉士の役割と業務の実態を把握する、口腔疾患の病因と病態を理解する、などに重点が置かれる。「PBL入門」でPBLの学習方法を学び、その後「人体のしくみ」「口腔の科学」というPBL科目が配置されている。後期は、前期での知識と技能をもとに、PBL科目「歯科衛生学」や「歯科衛生学実習Ⅰ」などによって、軽度な歯科疾患の診査、処置、予防について学習する。学生の学習が円滑に進むように、モジュール制により、PBL科目と平行して講義・実習・演習科目が配置されている。

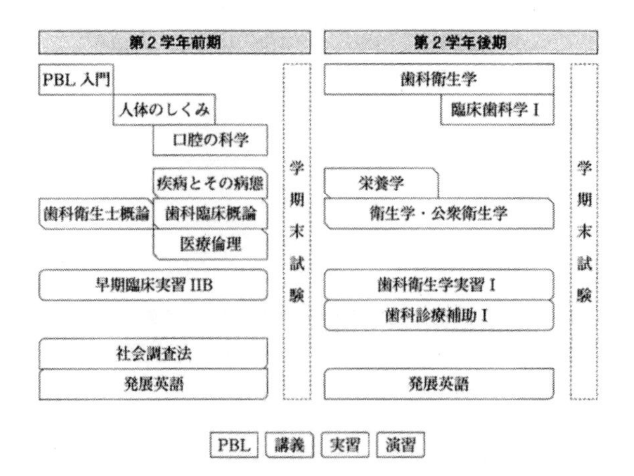

図序－4　新潟大学歯学部口腔生命福祉学科第2学年の1年間のPBLカリキュラム

出典）小野・松下（2015）p.221、図8-3

それぞれの学期の最後に、PBLにおける問題解決能力、自己学習能力を評価するために、改良版トリプルジャンプというパフォーマンス評価を行っている。改良版トリプルジャンプは、第1章で詳述するように、ワークシートによる筆記課題と、ロールプレイという実演課題を組み合わせたパフォーマンス評価であり、複数名の教員が2種類の分析的ルーブリックによって評価する。

以上のように、新潟大学歯学部（口腔生命福祉学科）では、問題解決能力／歯科臨床能力の形成に重点を置きながら、複数の科目を統合する役割をもつ重要科目を設置し、その科目において、高次の統合的な能力を捉えるためのパフォーマンス評価を行っている。本研究ではその中の2つ、「大学学習法」のレポート評価（第1学年、両学科）と、「PBL科目」における改良版トリプルジャンプ（第2学年、口腔生命福祉学科）を取り上げ、前節の研究目的に応じた検討を行っていくこととする。

第6節　本論文の構成

本論文の構成は、第4節で述べた①～④の問題と目的に対応し、以下のようになる。まず、第1章では、「高次の統合的な能力を捉えるためのパフォーマンス評価の心理測定学的検討」と題し、本研究が検討対象とするパフォーマンス評価とルーブリックによって得られた量的指標は、信頼性を担保することができるのかという点を中心に、それらがどのような特性をもった評価であるのかを、量的研究(心理測定学)で一般に用いられる手法を用いて検討する。

第2章では、「学習成果の間接評価は教員による直接評価の代替たりえるか」と題し、第1章による検討によって、量的評価で求められる水準を満たすことが確認されたパフォーマンス評価(直接評価)の評価結果と、学生調査(間接評価)の評価結果とが代替可能なのかを検討する。

第3章では、「パフォーマンス評価における学生の自己評価の変容」と題し、第2章で明らかになった学生の自己評価能力の未熟さに注目し、パフォーマンス評価と振り返りの活動が学生の自己評価能力に及ぼす効果の検討を行う。ここでは特に、質的評価としての機能を重視した検討を行う。

第4章では「高次の統合的な能力の変容に寄与する学習者要因の検討―直接評価と間接評価の統合―」と題し、パフォーマンス評価(直接評価)から得られる高次の統合的な能力に対して、どのような学習者要因が影響を与えるのかを検討する。そのために、あるコースにおける動機づけや学習方略などを捉えるための質問紙(間接評価)を開発する。そして、これら直接評価と間接評価を統合的に分析し、高次の統合的な能力の形成に寄与する学習者要因を明らかにすることによって、そのコースにおける学生への学習改善の指導に有用な知見を得る。

終章では、これらの検討を踏まえて得られた本研究の成果と今後の課題を述べる。それとともに、量的評価と質的評価を架橋しうるような高次の統合的な能力を捉える評価に関して考察する。また直接評価と間接評価のそれぞれの利点を活かしながら、そのような能力を形成するための手がかりをコースレベルの評価情報から得るとともに、さらにそれをプログラムレベルへと発展させていくための展望を行う。それらを通して、今後の大学教育における学習成果の可視化と教育改善の議論に対する示唆を得る。

第1章
高次の統合的な能力を捉えるための
パフォーマンス評価の心理測定学的検討

はじめに

序章で議論してきたように、昨今の高等教育においては、高次の統合的な能力を育成することが求められている。またそのような能力を評価する具体的な手法としてパフォーマンス評価や評価基準表であるルーブリックに注目が集まっている。先述の評価の分類に従えば、パフォーマンス評価は直接評価でかつ質的評価（タイプⅣ）である。本研究で事例として検討対象とする新潟大学歯学部のパフォーマンス評価の実践は、同学部のディプロマ・ポリシーに対応する高次の統合的な能力を、パフォーマンス課題によって可視化し、ルーブリックによって分析の網目を通して捉えようとするものである。

ただし、質的評価でありながら、ルーブリックが学生のパフォーマンスの質を量に変換する機能をもつため、量的評価において当該評価の信頼性などを明らかにする際、通常とられているような心理測定学的検討が可能である。心理測定学において、信頼性は妥当性の必要条件とされる。当該評価で指標化した変数の信頼性が低いことは、測定上の誤差が多く混入していることを示し、統計学的な検討において相関の希薄化といった問題が生じうる。また、妥当性への疑義も生じる。そこで、本研究で扱うパフォーマンス評価を量的指標化した場合に、その指標が統計学的分析に耐えうるものかどうかを検討する必要がある。

以上から、本章ではパフォーマンス評価における信頼性の検討方法を概観した後に、本研究において事例とする2種類のパフォーマンス評価の信頼性を、一般化可能性理論の枠組みによって検討する。

第1節　問題と目的

心理測定学における信頼性は、測定上の誤差の大きさを見積もるものであるといえる。誤差が大きければ信頼性は低く、誤差が小さければ信頼性は高くなる。パフォーマンス評価をルーブリックによって量的指標化した場合、どのような測定上の誤差が考えられるのか。パフォーマンス評価とは、「ある特定の分脈のもとで、様々な知識や技能などを用いながら行われる、学習者自身の作品や実演（パフォーマンス）を直接に評価する方法」であり、ルーブリックとは「複数の基準とレベル、それを説明する記述語からなる評価基準表」である（松下, 2012）。そしてパフォーマンス評価は、基本的に評価者の主観的要素（甘さ/辛さ、重視する基準の違いなど）が入り込む主観的評価であり、どの評価者にいつ評価されたのかによって、その評価が変動するという懸念が常に指摘される（平井, 2007）。

すなわち、評価者間および評価者内の判断の整合性や一致度への懸念であり、言い換えれば、評価者間および評価者内の判断のズレという誤差への懸念である。多肢選択式や短答式の課題のように、どの評価者による評価でも一致する客観的評価であれば、その信頼性は時間的な安定性、課題（項目）間の一貫性の観点から議論されることが多い。しかしパフォーマンス評価のような主観的評価では、それに加えて評価者の判断の整合性や一致度の観点も加えた上で、信頼性を議論する必要がある。

序章で確認したように、心理測定学的には信頼性は妥当性の必要条件である。そして、パフォーマンス評価において分析的ルーブリックを用いて複数評価者で評価する場合、評価観点や課題の一貫性に加えて、評価者間や評価者内の判断の整合性や一致度も考慮する必要がある。

ただし、松下（2012）によると、パフォーマンス評価やルーブリックは、心理現象を数値化することによって成り立つ心理測定学とは異なるパラダイムを基礎としており、そのような評価方法を代替・補完するようにデザインされたものである。すなわち、質的なデータから質的な評価基準のもとで学習の質を捉えることを重視するものであり、その評価結果は主に文章などによって質的に表現され（数値で表される場合もある）、形成的な評価として使用されることが多い。そのため、パフォーマンス評価において評価結果を数値化した場合のみを取り上げ、それを心理測定学に依拠して信頼性や妥当性を検討して良し悪しを判断することは、質的評価としての利点を損なう危険性をはらんでいる。心理測定学の泰斗であるPophamも、このような評価において評価者間の一致度と指導のインパクト、どちらをとるのかという選択に迫られたときは、後者を選ぶべきである (Popham, 1997) と述べている。

それでもなお、心理測定学的な枠組みを用いることで、量的評価の議論の俎上に載せることができるものであるかを検討することには、学習成果の可視化の観点から意義がある。加えて、評価観点の類似性や、水準の設定の適切性、複数評価者の評価の整合性や一致度、各評価者の評価能力、さらには当該評価がどのようなレベルの学生に向いているのかといったことを検討し、より良い評価にするための手がかりを得ることができる。

斎藤 (2016) では、まさにそのような問題意識から、項目反応理論によって、本研究と同じアカデミック・ライティング能力を捉えるためのパフォーマンス評価の測定精度やルーブリックの各評価観点の特性を検討している。ただし、項目反応理論では安定したパラメタ推定値を得るために、大きな (200から300程度の) サンプルサイズが必要と考えられる (平井, 2006)。本研究において検討対象とするPBLにおける問題解決能力を捉えるためのパフォーマンス評価は、サンプルサイズが80程度であり、安定した推定値が得られるかどうかには不安がある。また、本章においては、次章以降で統計学的手法によって検討する際、本研究で検討対象とするパフォーマンス評価から得られる量的指標が、一般に求められるような一定の信頼性を担保しているかどうかを確認することに主眼がある。

そこで本章では、学生×評価者×評価観点という3相データの信頼性を検討することに親和性が高く、比較的小さいサンプルサイズでも実行可能な一般化可能性理論を用いることとする。パフォーマンス評価を一般化可能性理論によって検討するための枠組みを提示しているBrennan (2000) と、それに基づいてパフォーマンス評価の信頼性を検討した先行事例の松下他 (2013) や平井 (2006, 2007) に依拠し、心理測定学的観点から、本研究で対象とする2種類のパフォーマンス評価を検討することを目的とする。

第2節　調査対象

第1項　本研究で検討対象とする科目とパフォーマンス評価

本研究において検討対象とする2種類の科目を再確認したい。1つ目は、新潟大学歯学部における、レポートの書き方やプレゼンテーションの仕方などについて講義・演習を行う初年次生対象の科目「大学学習法」である。そこでは、アカデミック・ライティング能力を捉えるためのパフォーマンス評価が行われた。2つ目は、同学部口腔生命福祉学科における、2年次生を対象とした「PBL科目」である。この科目は、学生自身が歯学に関わるテーマから問題を見出し、仮説を立て、学習課題を設定し、授業のない空き時間に学習課題を調査、自習し、さらに学習課題に関連したセミナーで新たに得た知識をもとに問題解決へ取り組むというものである。こちらでは、PBLにおける問題解決能力を捉えるためのパフォーマンス評価が行われた。それぞれの科目とパフォーマンス評価の詳細は後述する。

第2項　「大学学習法」とレポート評価

第1学年における「大学学習法」は、自立・自律した学習者としての基礎として、レポート作成およびプレゼンテーションという学習活動を通して、学生に問題解決力、論理的思考力、表現力を身に付けさせることを目標とした科目である。そのため、図書館の利用方法、コンピュータを用いた情報検索や通信の基本技術、レポートの書き方やプレゼンテーションの仕方などの講義・演習が行われる。学期の最後に、学生には講義・演習での知識や技能をもとに、レポートを作成し、その内容をプレゼンテーションするという課題が与えられる。

学生は、授業時間外に、約1か月間をかけてレポートを作成し、その内容をプレゼンテーションの授業において発表する。そして、教員からの質問やクラスメートからの意見を参考にして、レポートを完成させる、という流れである。レポートの書き方の講義の後に、学生には自身の考えを3000字程度で述べるレポート課題（**表1-1**）とライティング・ルーブリック（**表1-2**）が与えられる。教員がルーブリックをもとに評価の観点と基準を説明する。レポート課題では大きな問題が提示され、学生はその問題から自身のレポートで扱う具体的な問題を設定する。そして、設定した問題に対して、調べてまとめるだけでなく、自分自身の主張と結論を述べる。すなわち、図書館で必要な雑誌や書籍を探し、コンピュータを用いて情報を検索して、自分の主張の根拠とその真実性を立証する事実・データを明らかにするとともに、対立意見を検討し、最終的に何がいえるかを結論づけ、その内容をわかりやすく伝えるという、アカデミック・ライティングにおける高次の統合的な能力が求められる。

学生のレポートから、そのような高次の統合的な能力を分析的に捉えるためのルーブリックが、ライティング・ルーブリックである(表1-2)。「背景と問題」「主張と結論」「論拠と事実・データ」「対立意見の検討」「全体構成」「表現ルール」の6つの評価観点からなる。このルーブリックは、松下他(2013)で報告されたルーブリックをもとにしている。2011年度に「大学学習法」担当教員の一人が考えた素案に、他の担当教員との協議の上での修正を加え、さらに2012年度に教育評価の専門家との協議によって「問題解決能力」や「論理的思考力」の定義に理論的根拠を与え、評価観点を整理するなどして修正が加えられ、内容的妥当性、表面的妥当性の検討が行われたものである。また2012年度のルーブリックに関しては信頼性の検討が行われており、一定の信頼性が担保されていたものの、水準数を増やすとともに各水準の記述語を修正する必要性などが示唆され、それらを反映して修正したものが本研究で使用するルーブリックである。もととなっているルーブリックの詳しい開

表1－1 「大学学習法」レポート課題

医療や科学の進歩にはめざましいものがあります。少し前までは治療することが難しかった病気にも対処できるようになりました。また、便利な道具も世の中に溢れており、日々、私たちは恩恵を受けて暮らしています。しかしその一方で、進歩がもたらしたさまざまな問題も抱え込んでしまいました。皆さんもテレビや新聞で見聞きしていることでしょう。その解決のために、多くの議論がなされていますが、どの問題もしかるべき解決策が示されていないのが現状ではないでしょうか。 そこで、与えられたテーマ「医療や科学の進歩がもたらした諸問題」から話題を設定し、主体的に調査・学習を行い、自分の考えをレポートにして提出してください。

発の経緯や理論的根拠は松下他(2013)および小野・松下(2016)を参照されたい。

「大学学習法」担当教員4名(2013年度のみ3名)が、それぞれ「レベル3」から「レベル1」、「レベル1」に満たないものは「レベル0」の4段階で評価した。そしてこれらをレベルに応じて、個々の学生の得点として換算した。本研究では、教員4名の6観点全ての平均を「アカデミック・ライティング能力」として操作的に定義する。なお、この4名は複数年この科目の指導と評価に関わっており、評価に先立ってルーブリックの記述語の共通理解を目指し、さらに前年度以前の学生のレポートのうち特徴的な3本を採点事例として共有するなどしてキャリブレーションを行っている。

第3項　「PBL科目」とそのパフォーマンス評価

新潟大学歯学部で行われているPBLの進め方は、スウェーデンのマルメ大学歯学部の方式(Rohlin et a1., 1998)に準拠し、授業でのグループ学習、授業外での個別学習、授業でのグループ学習という3つのステップをたどりながら学習が進められる。授業でのグループ学習では、チューターのファシリテーションのもと、7～8名のグループを編成し、シナリオ(事例)から事実を抽出し、その事実から生じる疑問や考えを話し合う。その後、疑問を解決したり、自分たちの仮説を検証したりするために、どのような知識が不足しているか確認し、学習課題を設定する。次に授業外での個別学習において、個々に学習課題について調査する。1週間後、再び教室に集まり、授業でのグループ学習として、調査した結果をグループで検討し、自分たちの仮説が妥当であったか否か議論して問題を解決する、というプロセスを踏む(**図1-1**)。

それぞれの学期の最後に、PBLにおける問題解決能力、自己学習能力を評価するために、改良版トリプルジャンプというパフォーマンス評価を行っている。まずトリプルジャンプとは、1975年にカナダのマクマスター(McMaster)大学医学部で考案された評価方法である(Blake et al., 1995)。いわば、学生と教員が一対一で行うPBL であり、通常のPBLの学習過程と同様の3つのステップからなる。グループ学習を行うステップ1とステップ3を教員とのやりとりに代えて学生を評価するものである。しかし、この手法は評価の妥当

表1－2 「大学学習法」ライティング・ルーブリック

観点	問題解決		論理的思考			文章表現
	背景と問題	主張と結論	論拠と事実・データ	対立意見の検討	全体構成	表現ルール
観点の説明	与えられたテーマから自分で問題を設定する。	設定した問題に対し、展開してきた自分の主張を関連づけながら、結論を導く。	自分の主張を支える根拠を述べ、根拠の真実性を立証する事実・データを明らかにする。	自分の主張と対立する意見を取り上げ、それに対して論駁(問題点の指摘)を行う。	問題の設定から結論にいたる過程を論理的に組み立て、表現する。	研究レポートとしてのルール・規範を守り、適した文章と言い回しを用いてレポートを作成する。
レベル3	与えられたテーマから問題を設定し、論ずる意義も含め、その問題を取り上げた理由や背景について述べている。	設定した問題に対し、展開してきた自分の主張を関連づけながら、結論を導いている。結論は一般論にとどまらず、独自性を有している。	自分の主張の論拠が述べられており、かつ論拠の真実性を立証する信頼できる複数の事実・データが示されている。	自分の主張と対立するいくつかの意見を取り上げ、それらすべてに対して論駁(問題点の指摘)を行っている。	問題の設定から結論にいたる論理的な組み立て、記述の順序、パラグラフの接続が整っている。概要は本文の内容を的確に要約している。	・研究レポートとして適した文章と言い回しを用いてレポートを書いている。 ・引用部分と自分の文章の区別を明示し、引用部分については、レポートの最後に出所を確認できる形で参考文献を記載している。 ・概要、本文ともに字数制限が守られている。 〈3つの条件をすべて満たす場合は「レベル3」、2つの場合は「レベル2」、1つの場合は「レベル1」とする。〉
レベル2	与えられたテーマから問題を設定し、その問題を取り上げた理由や背景について述べている。	設定した問題に対し、展開してきた自分の主張を関連づけながら、結論を導いている。	自分の主張の論拠が述べられており、かつ論拠の真実性を立証する信頼できる事実・データが少なくとも一つ示されている。	自分の主張と対立する少なくとも一つの意見を取り上げ、それに対して論駁(問題点の指摘)を行っている。	問題の設定から結論にいたる論理的な組み立て、記述の順序、パラグラフの接続がおおむね整っている。	
レベル1	与えられたテーマから問題を設定しているが、その問題を取り上げた理由や背景の内容が不十分である。	結論は述べられているが、展開してきた自分の主張との関連づけが不十分である。	自分の主張の論拠は述べられているが、論拠の真実性を立証する信頼できる事実・データが明らかにされていない。	自分の主張と対立する意見を取り上げているが、それに対して論駁(問題点の指摘)がなされていない。	問題の設定から結論にいたるアウトラインはたどれるが、記述の順序やパラグラフの接続に難点のある箇所が散見される。	
レベル0	レベル1を満たさない場合はゼロを割り当てること。					

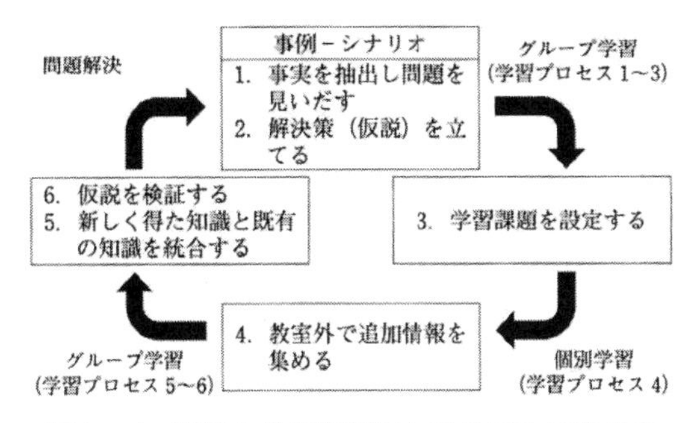

図1－1　新潟大学歯学部におけるPBLの進め方

出典）小野・松下（2015）p.219、図8-2

性（表面的妥当性、内容的妥当性）は高いとされるが、学生と教員のやりとりを確認する他の評価者がいないこと、口頭でのやりとりで教員が学生の説明を聞き逃すことがあることなどから信頼性に対する疑義がある。それに加え、教員の評価負担が大きいというなどの問題がある。そこで同学部では、PBLにおける新たな評価方法である改良版トリプルジャンプを開発した（開発の背景やプロセスの詳細、妥当性の検討は、小野・松下, 2016；小野・松下・斎藤, 2014 を参照されたい）。

改良版トリプルジャンプのステップ1～3の流れを、**図1-2**に示す。従来のものと同様に、ステップ1でシナリオから問題をみつけだし、解決策を立案し、学習課題を設定するが、その過程を60分間でワークシートに記述させる。ステップ2は学習課題を調査し学習するだけでなく、その結果をもとに解決策を検討し、最終的な解決策を提案するまでを含めて1週間とし、その過程もワークシートに記述させる。このように、従来のトリプルジャンプのステップ1から3を、改良版トリプルジャンプではステップ1・2として口頭に代えて文書で評価するものであり、さらにその評価にあたってはルーブリックを用いることが大きな特徴である。それに加えて、ステップ3として、シナリオの状況を再現して、教員を相手にロールプレイさせることにより、解決策の実行までをルーブリックを用いて評価することも特徴の1つである。評価結果のフィードバックを含め、15分間を設けている。

このように、ワークシートによる筆記課題とロールプレイという実演課題

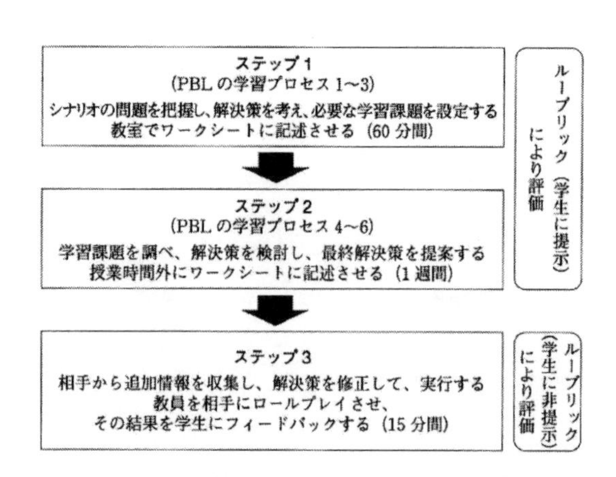

図1－2　改良版トリプルジャンプの3ステップ

出典）小野・松下（2015）p.221、図8-3出典）小野・松下（2015）p.219、図8-2

を組み合わせ、それぞれ異なるルーブリックを用いて評価するパフォーマンス評価である。なお、ステップ1･2は様々な評価課題に対応できる一般的ルーブリックであるため、前期と後期でステップ1・2のルーブリックは評価観点も記述語も同一である。一方ステップ3は、課題特殊的ルーブリックであるため、評価観点は同一であるが、シナリオに合わせて記述語が異なる。**表1-3**に前期と後期で使用されたそれぞれのシナリオを示す。また、ステップ1･2に対応するルーブリックを**表1-4**に、ステップ3に対応するルーブリックを**表1-5**に示す。

ステップ1・2のルーブリックにおける「問題発見」から「学習課題の設定」までの3観点はステップ1に、「学習結果とリソース」から「最終解決策の提案」までの3観点はステップ2に相当する。ステップ3のルーブリックはロールプレイでの「解決策の実行」を評価するものであり、「追加情報の収集」と「情報の統合」の2観点は、相手からの追加情報をもとに、最終解決策を再度検討し修正する思考過程を評価するものである。また、「共感的態度」と「コミュニケーション」の2観点は、その結果をいかに表現するかに関わるものである。全ての学生と評価観点に関して、新潟大学歯学部の当分野を専門とする3名の教員が、それぞれ「レベル3」から「レベル1」、「レベル1」に満たないも

表1－3　改良版トリプルジャンプ用シナリオ（前期・後期）

前期	後期
「わたしって、ダメな歯学部生？！」 　あなたは新潟大学歯学部の2年生です。4月から専門科目の授業が始まり、解剖学や生理学を学んでいますが、「PBLテュートリアル」という新しい学習方法にまだ慣れず、また学習内容も急に難しくなったように感じられ、不安を抱えながら悪戦苦闘の毎日です。 　そんなある日、全学のサークルで知り合った友人の佐藤彰くん（工学部3年生）が、左の頬を腫らして近づいてきました。彼は3日前に、近くの歯科医院で、下顎の左側智歯を抜去したとのことですが、いまだに左側の下唇に麻酔がかかっているような感じが残っており、ご飯粒がついていてもわからないといいます。また、抜歯してから口を大きく開けられなくなり、飲み込むときにノドの左側に痛みもあるとのことで、食事がとりにくいと訴えています。 　あなたが歯学部の学生であることから、なんでこんなことが起きているのか説明してほしいと頼まれましたが、あなたはどう答えてよいかわからず黙っていました。彼は不安そうな顔をして、「次のサークルのときでいいから」と言って別の友人のところに去っていきました。彼の後ろ姿を見ながら、将来、歯科医療従事者になるものとして、せめて「大変だね」のひと言でもかけてあげればよかったと、あなたはちょっと後悔しました。	「わたし、困っています」 　あなたは新潟大学医歯学総合病院の歯科衛生士です。 　今日は担当患者：高橋勇蔵（67歳・男性）の2回目の診療日です。高橋勇蔵は中等度の歯周病があり、初回は歯周検査と病状説明を行いました。 あなた：高橋さん、お口の具合はいかがですか。前回、タバコをやめるようお話ししましたが、禁煙されましたか。 高　橋：してないよ。私はね、タバコをやめるくらいなら死んだ方がましだと思っているよ。この前、国から送られてきたアンケートにも「生きがいはタバコを吸うこと」と書いたくらいだ。相変わらず1日40本は吸っている。歯科に来て、なんでタバコをやめるよう言われなきゃならんのだね。 あなた：でも、高橋さんは糖尿病もあるし、やめた方がいいと思いますが・・。 高　橋：糖尿病は関係なかろう。ここは歯科だろう。おやおや、内科と間違えたかな。 あなた：歯科ですけど・・。とにかく、前回言ったことと同じことを言いますが、まずはタバコをやめてください、いいですね。 高橋：ああ、わかった。あんたはタバコが嫌いだな。

のは「レベル0」の4段階で評価した。これらをレベルに応じて、個々の学生の得点として換算した。なおこの3名は、レポート評価と同様に、複数年この科目の指導と評価に関わっており、評価に先立ってルーブリックの記述語の共通理解を目指し、キャリブレーションを行っている。

　改良版トリプルジャンプは、ステップ1・2で6観点（最終解決策の提案まで）、ステップ3（解決策の実行）で4観点の計10観点によって、PBLにおける問題解決能力を捉えようとするものである。ただし、次章以降では、学生の自己評

表1－4　改良版トリプルジャンプ用ステップ1・2ルーブリック

観点	問題発見	解決策の着想	学習課題の設定	学習結果とリソース	解決策の検討	最終解決策の提案
観点の説明	シナリオの事実から、問題を見いだす。	解決の目標を定め、いくつかの解決策を立案する。	問題の解決に必要な学習課題を設定する。	信頼できるリソースから、学習課題を調査する。	解決策の有効性や実行可能性を検討する。	問題に対して最終的な解決策を提案する。
レベル3	問題を見いだし、シナリオの事実から、推察しうる原因も含め、問題とした理由を述べている。	いくつかの解決策を立て、これまでの学習や経験とも結びつけて、解決策の立案過程を述べている。	学習課題を的確に設定し、解決策と学習課題の関連から必要性を述べている。	利用可能なさまざまなリソースを駆使し、信頼性に注意して、正しい内容を学習する。	いくつかの解決策を比較検討し、それぞれの有効性や実行可能性を考察している。同時に、解決策の限界にも思いをめぐらしている。	シナリオの状況に適した、妥当な最終解決策を提案している。解決策をより効果的に実行するために、追加情報の必要性に気づいている。
レベル2	問題を見いだし、シナリオの事実から、問題とした理由を述べている。	いくつかの解決策を立て、解決策の立案過程を述べている。	学習課題を設定し、解決策と学習課題の関連から必要性を述べているが、重要な学習課題が一部欠如している。	リソースの信頼性に注意して、おおむね正しい内容を学習している。	いくつかの解決策を比較検討し、それぞれの有効性や実行可能性を考察している。	シナリオの状況に適した、妥当な最終解決策を提案している。
レベル1	問題を見いだしているが、問題とした理由の説明は不十分である。	解決策を立てているが、立案過程の説明は不十分である、あるいは解決策が1つのみである。	学習課題が漠然としており、何を学ぶべきか焦点が絞られていない、あるいは必要性の説明が不十分である。	リソースの信頼性についての注意が不十分で、学習内容にいくつかの誤りが含まれている。	解決策の検討は不十分である、あるいは複数の解決策について比較検討していない。	最終解決策の提案にいたっていない、あるいは解決策、学習結果、結論の間に矛盾や飛躍がある。
レベル0	レベル1を満たさない場合はゼロを割り当てること。					

価との関連を検討するために、自己評価をさせているステップ1・2のみの評価結果を使用したり、異なる学習者要因が寄与する可能性を考慮してステップ1・2と3の評価結果を別々に使用したりすることがある。そこで、前期・後期ともに、3名教員の10観点全ての平均、ステップ1・2の6観点の平

均、ステップ3の4観点の平均、3つの場合それぞれに関して、順に「PBLにおける問題解決能力（全ステップ）」「PBLにおける問題解決能力（ステップ1・2）」「PBLにおける問題解決能力（ステップ3）」と表記し、それぞれ検討する。

第4項　調査対象者と手続き

調査対象者とするのは、2013～2016年度において「大学学習法」を履修した初年次生234名（年度順に、56名、60名、59名、59名）と、PBL科目を履修した同大学同学部の2年次生84名（年度順に、24名、18名、22名、20名）である。データの収集・使用にあたり、新潟大学歯学部の倫理委員会の承認（承認番号26-R54-03-11）を得た上で、調査対象となる全ての学生から同意を得た。

第5項　分析の方法

2種類のパフォーマンス評価（改良版トリプルジャンプは前期と後期の両方を検討するので、実際には3つである）それぞれに関して、要約統計量を確認した後に、評価における学生・評価者（教員）・評価観点という3つの変動要因の主効果とそれらの要因の交互作用の分散成分の推定値を求め、それらの推定値から一般化可能性係数と信頼度係数を算出し、得点の順位の一貫性と得点の絶対的一致性双方から信頼性を検討する。分散成分の推定には、IBM SPSS Statistics V25を使用した。

なお、一般化可能性理論は通常、一般化可能性研究（Generalizability study：G研究）と決定研究（Decision study：D研究）という2種類の段階から構成される。G研究は先述の、分散成分の推定値から当該評価デザインの一般化可能性係数や信頼度係数を算出することに相当し、D研究はG研究で得られた各分散成分の推定値をもとに、評価者や評価観点の数を変えることによってシミュレーションを行うことに相当する。D研究は効率的な評価デザインを検討する上で有用な示唆が得られる手法であるが、これまで述べてきたように、本章ではそのような検討をすることではなく、あくまで本研究で検討対象としている2種類のパフォーマンス評価の評価デザインから、諸能力を変数化した場合の信頼性を検討することを主目的としている。よって、D研究は行わ

表1－5　改良版トリプルジャンプ用ステップ3ルーブリック（2年次前期・後期）

	前期			
観点	追加情報の収集	情報の統合	共感的態度	コミュニケーション
観点の説明	症状が生じた原因を説明する上で必要となる追加情報を友人とのやりとりを通じて収集し、必要に応じて問題の再把握を行う。	症状が生じた原因を説明する上で有用な情報を追加情報も取り入れて統合し、必要に応じて解決策の内容修正を行う。	不安な気持ちや食事が不自由な状況を思いやり、友人に共感的態度を示す。	症状が生じた原因を友人にわかりやすく説明する。
レベル3	智歯の状態、伝達麻酔の有無、抜歯操作、症状の推移など、症状が生じた原因を説明する上で必要な追加情報を、すべて、的確に収集している。	友人からの追加情報も統合することによって、智歯抜去により症状が生じた原因を、智歯抜去と下歯槽神経の走行、智歯抜去による炎症の波及と咀嚼筋隙との関係から深く柔軟に理解している。	不安な気持ちや食事が不自由な状況を思いやり、道場や励ましの言葉をかけながら、友人の質問に答えている。今回に限らず、力になれることがあれば今後も協力する意思を示している。	内容とその関連から、話の順序や組み立てを考え、平易な言葉で、相手の理解を意識しながら説明している。
レベル2	智歯の状態、伝達麻酔の有無、抜歯操作、症状の推移など、症状が生じた原因を説明する上で必要な追加情報を、ある程度収集している。	友人からの追加情報も一部統合することによって、智歯抜去により症状が生じた原因を、智歯抜去と下歯槽神経の走行、智歯抜去による炎症の波及と咀嚼筋隙との関係から適切に理解している。	不安な気持ちや食事が不自由な状況を思いやり、道場や励ましの言葉をかけながら、友人の質問に答えている。	話の順序や組み立てはおおむね整っているが、相手の理解を得る上で専門用語の使い方や表現にやや問題がみられる。
レベル1	智歯の状態、伝達麻酔の有無、抜歯操作、症状の推移など、症状が生じた原因を説明する上で必要な追加情報のごく一部を収集している。	友人からの追加情報の統合は行っておらず、智歯抜去により症状が生じた原因を、智歯抜去と下歯槽神経の走行、智歯抜去による炎症の波及と咀嚼筋隙との関係から文字情報としてしか理解していない。	不安な気持ちや食事が不自由な状況を認識しているが、おもに友人の質問への解答に終始している。	話の順序や組み立てが混乱しており説明が理解しにくい、あるいは事前に準備した内容を読み上げているだけである。
レベル0	レベル1を満たさない場合はゼロを割り当てること。			

後期			
追加情報の収集	情報の統合	共感的態度	コミュニケーション
禁煙を働きかける上で必要となる追加情報を患者とのやりとりを通じて収集し、必要に応じて問題の再把握を行う。	禁煙を働きかける上で有用な情報を追加情報も入れて統合し、必要に応じて解決策の内容修正を行う。	患者の考えや価値観に配慮して禁煙を働きかける。	自分の考えを患者にわかりやすく説明する。
歯周治療に対する患者のニーズや、なぜ「生きがいはタバコを吸うこと」なのか、糖尿病の病状など、禁煙を働きかける上で必要な追加情報をすべて、的確に収集している。	患者からの追加情報も統合し、歯周治療における禁煙の重要性を、歯周病と喫煙の関係のみならず、歯周病と糖尿病の関係とも結びつけて深く柔軟に理解している。	「生きがいはタバコを吸うこと」という患者の考えを受入れ、相手の気持ちに配慮して、患者の反応をみながら禁煙を働きかけている。	内容とその関連から、話の順序や組み立てを考え、平易な言葉で、相手の理解を意識しながら説明している。
歯周治療に対する患者のニーズや、なぜ「生きがいはタバコを吸うこと」なのか、糖尿病の病状など、禁煙を働きかける上で必要な追加情報を、ある程度収集している。	歯周治療における禁煙の重要性を、歯周病と喫煙の関係のみならず、歯周病と糖尿病の関係とも結びつけて適切に理解している。	「生きがいはタバコを吸うこと」という患者の考えを受入れ、相手の気持ちに配慮して、禁煙を働きかけている。	話の順序や組み立てはおおむね整っているが、相手の理解を得る上で話の構成にやや問題がみられる。
歯周治療に対する患者のニーズや、なぜ「生きがいはタバコを吸うこと」なのか、糖尿病の病状など、禁煙を働きかける上で必要な追加情報のごく一部を収集している。	歯周治療における禁煙の重要性を、歯周病と喫煙の関係のいから理解している、あるいは歯周病と糖尿病に関する知識はあるが、禁煙指導と結びついていない。	患者の考えを認めているが、それに対する配慮が不十分である。	話の順序や組み立てが混乱しており説明が理解しにくい、あるいは事前に準備した内容を読み上げているだけである。
レベル1を満たさない場合はゼロを割り当てること。			

ない。

第3節　結果と考察

第1項　「大学学習法」のレポート評価

まず、要約統計量を**表1-6**に示す。表中の級内相関係数（Intraclass Correlation: ICC）はShrout & Fleiss（1979）で定式化されたものを示している。*ICC*（2, 1）は複数評価者の評価データからシミュレーションを行い、評価者が1人だとした場合の信頼度係数に相当し、評定の絶対一致性の参考になる。また*ICC*（3, 1）は同様に評価者が1人である場合の一般化可能性係数であり、得点の順位の一貫性の参考になる（平井, 2006）。表1-6から、それぞれの評価者の評価の傾向や、評価者間信頼性がどの程度見積もれるのかがわかる。例えば評価者Cは全般的に平均値が低く、辛めに評価する傾向にあることがわかる。また、評価者Dは「背景と問題」に関しては最も辛めの評価であるが、その他の観点に関しては甘めに評価することがうかがえる。このような傾向は、後の一般化可能性理論の検討における誤差の要因となることが予想される。

また級内相関係数をみると、全般的に低く、評価者が1人では信頼性が担保しづらいことがわかる。ただしその中でも「対立意見の検討」と「表現ルール」に関しては比較的高いようである。これは、「対立意見の検討」は全評価者の平均値が1を下回っており、3名の評価者の中央値が0なことからもわかるように、多くの学生がレベル1に満たないと評価されており、結果的に評価が一致しやすくなったことが示唆される。斎藤（2016）による項目反応理論の検討もこの解釈を支持している。また、「表現ルール」に関しては、記述語をみてもわかるように、他の観点とは異なり、レポートの内容というよりも形式上のものであり判断がしやすく、「3つの条件をいくつ満たすか」でレベルが決定するので評価が一致しやすかったのではないかと思われる。

次に、評価者4名の各評価観点の平均と評価観点全体（「アカデミック・ライティング能力」）の平均の要約統計量を**表1-7**に示す。表の相関係数は、心理測定学における項目分析の1つの指標であるI-T（Item-Total）相関に相当する。これ

表1－6　レポート評価の要約統計量

評価観点	評価者	平均値	中央値	*SD*	最小値	最大値	*ICC*(2,1)	*ICC*(3,1)
背景と問題	A	1.49	1	0.63	0	3	.14	.18
	B	1.85	2	0.56	0	3		
	C	1.75	2	0.45	1	3		
	D	1.19	1	0.45	0	3		
主張と結論	A	1.36	1	0.59	0	3	.22	.24
	B	1.54	2	0.69	0	3		
	C	1.22	1	0.55	0	3		
	D	1.53	2	0.67	0	3		
根拠と事実・データ	A	1.27	1	0.56	0	3	.20	.21
	B	1.32	1	0.96	0	3		
	C	1.18	1	0.60	0	3		
	D	1.62	2	0.67	0	3		
対立意見の検討	A	0.82	0	0.92	0	3	.41	.42
	B	0.81	0	1.02	0	3		
	C	0.56	0	0.79	0	3		
	D	0.73	1	0.82	0	3		
全体構成	A	1.32	1	0.70	0	3	.18	.19
	B	1.18	1	1.01	0	3		
	C	1.27	1	0.56	0	3		
	D	1.49	1	0.59	0	3		
表現ルール	A	1.62	2	0.89	0	3	.40	.43
	B	1.80	2	0.92	0	3		
	C	1.30	1	0.67	0	3		
	D	1.89	2	0.78	0	3		

が著しく低かったり、負の値を示したりする評価観点は、全観点の平均(合計)をとる際にふさわしくないという疑義が生じる。「背景と問題」が他の評価と比較すると若干低めではあるが、全体的に強めの正の相関関係にあるといえる。

さらに、評価者4名の各評価観点の平均同士の相関係数を**表1-8**に示す。

表1－7　レポート評価の評価者4名の平均の要約統計量

変数名	平均値	*SD*	アカデミック・ライティング能力との相関係数
背景と問題	1.56	0.32	.65
主張と結論	1.43	0.40	.84
根拠と事実・データ	1.37	0.45	.76
対立意見の検討	0.75	0.66	.75
全体構成	1.34	0.46	.83
表現ルール	1.68	0.62	.70
アカデミック・ライティング能力	1.36	0.37	-

全体的に弱い～中程度以上の正の相関関係である。また、MAP（最小平均偏相関）は第1因子で最小となり、対角SMC平行分析は対角SMCの固有値が乱数データの対角SMCの固有値を第1因子の時点で逆転しており、どちらも1因子構造を支持している（**表1-9**、**図1-3**）。堀（2005）に従えば、1因子構造、すなわち一次元性が満たされていると考えられ、全評価観点の得点を合成することに差し支えはないといえる。

最後に、学生・評価者・評価観点という3つの変動要因の主効果とそれらの要因の交互作用の分散成分と、それをもとに算出した一般化可能性係数および信頼度係数を**表1-10**に示す。一般化可能性係数は、学生の主効果の分散成分、学生×評価者、学生×評価観点、学生×評価者×評価観点の交互作

表1－8　レポート評価の各評価観点（評価者4名の平均）の相関係数

評価観点	1	2	3	4	5
1　背景と問題	-				
2　主張と結論	.53*	-			
3　根拠と事実・データ	.43*	.57*	-		
4　対立意見の検討	.38*	.59*	.48*	-	
5　全体構成	.50*	.74*	.61*	.49*	-
6　表現ルール	.36*	.46*	.43*	.31*	.49*

*$p < 0.5$

表1－9　レポート評価の固有値および対角SMC、MAP

	固有値	累積寄与	対角SMC	MAP	SMC平行
Factor1	3.49	58.16	2.98	0.05	0.36
Factor2	0.70	69.90	0.05	0.14	0.21
Factor3	0.62	80.23	-0.03	0.30	0.08
Factor4	0.51	88.72	-0.05	0.60	0.00
Factor5	0.44	96.00	-0.09	1.00	-0.11
Factor6	0.24	100.00	-0.16	-	-0.22

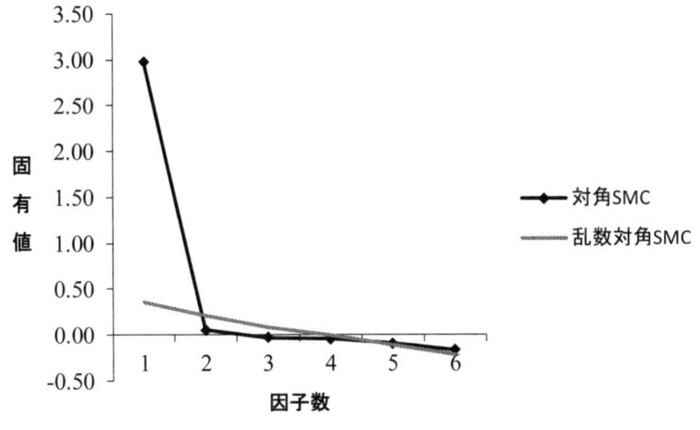

図1－3　レポート評価の対角SMC平行分析

用の分散成分から推定され、古典的テスト理論の信頼性係数に一致する(Brennan, 2000)。一方、信頼度係数は、学生、評価者、評価観点の主効果の分散成分、学生×評価者、学生×評価観点、評価者×評価観点、学生×評価者×評価観点の交互作用の分散成分から推定される。これらは、学生の主効果の分散成分が相対的に大きいほど、また他の分散成分が相対的に小さいほど、あるいは評価者数や評価観点数が多いほど、高くなる指標である。

一般化可能性係数は0.69であり、顕著に高いとはいえないが、信頼性係数で一般に求められる水準(0.70～0.80以上)を一定程度満たしているといえよう。すなわち、「アカデミック・ライティング能力」得点の順位の一貫性、またそれを用いて相関研究などの統計的分析に用いることは差し支えないと考える。同様のレポートによるパフォーマンス評価に関して信頼性を検討し

表1－10　レポート評価の各分散成分の推定値と一般化可能性係数・信頼度係数

要因	分散成分の推定値	(%)
学生	0.102	15.13%
評価者	0.002	0.30%
評価観点	0.097	14.39%
学生×評価者	0.093	13.80%
学生×評価観点	0.070	10.39%
評価者×評価観点	0.035	5.19%
学生×評価者×評価観点	0.275	40.80%
一般化可能性係数	.69	
信頼度係数	.61	

た松下他(2013)で得られた一般化可能性係数は0.62であったが、評価者は3名であった。その研究では、D研究によってシミュレーションを行い、本章と同じく評価者を4名にした場合、0.68が得られると報告しており、この結果は整合性があるといえる。また、信頼度係数は0.61であった。こちらに関しては高い値とはいえず、今回の評価デザインでは、得点の絶対的一致性を問題にする場合には、まだ検討の余地が残っている。

第2項　「PBL科目」の改良版トリプルジャンプ(前期)

まず、ステップ1・2の要約統計量を**表1-11**に、ステップ3の要約統計量を**表1-12**に示す。ステップ1･2、ステップ3ともに、評価者Cが「問題発見」において平均値が相対的に低く、辛めに評価している以外は、レポート評価でみられたようなズレの傾向はあまりみられない。また級内相関係数をみると、全般的に高く、評価者が1人でも一定程度の信頼性が担保できていることがわかる。

次に、評価者3名の各評価観点の平均と評価観点全体(「PBLにおける問題解決能力」)の平均の要約統計量を**表1-13**に示す。「PBLにおける問題解決能力(ステップ1･2)」とステップ1･2の各評価観点、「PBLにおける問題解決能力(ステッ

表1－11　前期改良版トリプルジャンプ（ステップ1・2）の要約統計量

評価観点	評価者	平均値	中央値	*SD*	最小値	最大値	*ICC*(*2,1*)	*ICC*(*3,1*)
問題発見	A	1.77	2	0.70	0	3	.43	.51
	B	1.85	2	0.65	0	3		
	C	1.27	1	0.72	0	3		
解決策の着想	A	1.33	1	0.70	0	3	.53	.53
	B	1.45	1	0.57	0	3		
	C	1.37	1	0.88	0	3		
学習課題の設定	A	1.18	1	0.62	0	2	.57	.59
	B	1.39	1	0.52	0	2		
	C	1.26	1	0.68	0	2		
学習結果とリソース	A	1.61	2	0.60	1	3	.55	.57
	B	1.50	1	0.57	1	3		
	C	1.37	1	0.60	0	3		
解決策の検討	A	0.88	1	0.70	0	3	.57	.58
	B	1.07	1	0.60	0	3		
	C	1.04	1	0.63	0	3		
最終解決策の提案	A	1.43	1	0.72	0	3	.51	.53
	B	1.44	1	0.66	0	3		
	C	1.19	1	0.63	0	3		

プ3）」とステップ3の各評価観点は、いずれも強めの正の相関関係を示している。

さらに、評価者3名の各評価観点の平均同士の相関係数を**表1-14**に示す。全体的に、ステップ1・2の評価観点同士と、ステップ3の評価観点同士で、弱い～中程度以上の正の相関関係が得られている。また、ステップ1・2とステップ3の全10観点の因子構造を検討したところ、MAP（最小平均偏相関）は第2因子で最小となり、対角SMC平行分析は対角SMCの固有値が乱数データの対角SMCの固有値を第2因子の時点で逆転しており、どちらも2因子構造を支持している。堀（2005）の基準に従えば、2因子であるとみなすことができる（**表1-15**、**図1-4**）。これは、改良版トリプルジャンプでは、ステップ

表1－12　前期改良版トリプルジャンプ（ステップ3）の要約統計量

評価観点	評価者	平均値	中央値	*SD*	最小値	最大値	*ICC*(*2,1*)	*ICC*(*3,1*)
追加情報の収集	A	1.01	1	0.78	0	3	.70	.70
	B	1.11	1	0.69	0	3		
	C	1.04	1	0.68	0	3		
情報の統合	A	1.31	1	0.66	0	3	.50	.50
	B	1.24	1	0.48	0	3		
	C	1.25	1	0.67	0	3		
共感的態度	A	1.21	1	0.76	0	3	.52	.52
	B	1.11	1	0.71	0	3		
	C	1.15	1	0.77	0	3		
コミュニケーション	A	1.60	2	0.58	1	3	.56	.57
	B	1.48	1	0.59	0	3		
	C	1.46	1	0.78	0	3		

全体でPBLにおける問題解決能力を捉えようとするものであるが、ステップ1・2で問題解決策の提案までの能力、ステップ3で解決策の実行に関する能力を捉えようとするものであるため、自然なことといえよう。

そこで、ステップ1・2とステップ3の全10観点に対して、因子数を2に指定した因子分析（最尤法、プロマックス回転、$\kappa=4$）を行った。その結果を**表1-16**に示す。想定通りステップ1・2とステップ3の結果で分かれており、それぞれで得点を合成し、「PBLにおける問題解決能力」の異なる側面を捉えるものとして変数化することは差し支えないといえる。また、因子間相関は0.64と高いため、高次因子を想定して全10観点を合成し、「PBLにおける問題解決能力」として変数化したとしても、信頼性や妥当性を損なうことはないと考えられる。

最後に、因子分析によって得られた結果や、本章以降の検討を考慮し、「PBLにおける問題解決能力（ステップ1・2）」「PBLにおける問題解決能力（ステップ3）」「PBLにおける問題解決能力（全ステップ）」に関してそれぞれ、学生・評価者・評価観点という3つの変動要因の主効果とそれらの要因の交互作用の分散成

表1－13　前期改良版トリプルジャンプの評価者3名の平均の要約統計量

	変数名	平均値	*SD*	PBLにおける問題解決能力との相関係数		
				全ステップ	ステップ1・2	ステップ3
ステップ1・2	問題発見	1.63	0.57	.53	.64	-
	解決策の着想	1.38	0.60	.63	.74	-
	学習課題の設定	1.28	0.52	.67	.79	-
	学習結果とリソース	1.49	0.50	.71	.76	-
	解決策の検討	1.00	0.55	.78	.79	-
	最終解決策の提案	1.35	0.56	.77	.81	-
ステップ3	追加情報の収集	1.05	0.65	.68	-	.84
	情報の統合	1.27	0.50	.80	-	.79
	共感的態度	1.16	0.62	.47	-	.71
	コミュニケーション	1.51	0.56	.75	-	.84
	PBLにおける問題解決能力(ステップ1・2)	1.36	0.41	.90	-	-
	PBLにおける問題解決能力(ステップ3)	1.25	0.46	.84	-	-
	PBLにおける問題解決能力(全ステップ)	1.31	0.38	-	-	-

表1－14　前期改良版トリプルジャンプの各評価観点(評価者3名の平均)の相関係数

評価観点	1	2	3	4	5	6	7	8	9
1　問題発見	-								
2　解決策の着想	.37*	-							
3　学習課題の設定	.35*	.56*	-						
4　学習結果とリソース	.35*	.47*	.57*	-					
5　解決策の検討	.30*	.49*	.58*	.54*	-				
6　最終解決策の提案	.50*	.43*	.52*	.58*	.65*	-			
7　追加情報の収集	.21	.19	.22*	.35*	.39*	.43*	-		
8　情報の統合	.25*	.40*	.48*	.45*	.67*	.59*	.60*	-	
9　共感的態度	.15	.01	.07	.19	.23*	.15*	.49*	.28*	-
10　コミュニケーション	.18	.39*	.33*	.42*	.50*	.48*	.55*	.73*	.45*

$^{*}p < 0.5$

表1－15　前期改良版トリプルジャンプの固有値および対角SMC、MAP

	固有値	累積寄与	対角SMC	MAP	SMC平行
Factor1	4.77	47.67	4.33	0.05	0.81
Factor2	1.48	62.50	0.96	0.05	0.58
Factor3	0.86	71.14	0.30	0.07	0.40
Factor4	0.63	77.43	0.15	0.10	0.26
Factor5	0.58	83.21	0.07	0.14	0.14
Factor6	0.47	87.88	-0.01	0.20	0.03
Factor7	0.42	92.04	-0.04	0.29	-0.04
Factor8	0.35	95.59	-0.10	0.46	-0.16
Factor9	0.28	98.36	-0.16	1.00	-0.30
Factor10	0.16	100.00	-0.26	-	-0.42

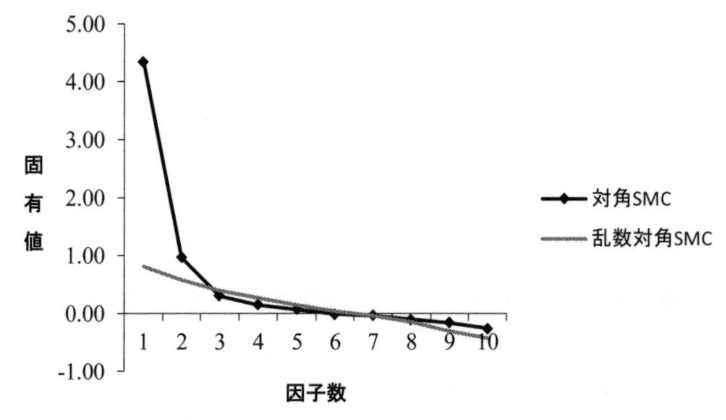

図1－4　前期改良版トリプルジャンプの対角SMC平行分析

分と、それをもとに算出した一般化可能性係数および信頼度係数を**表1-17**に示す。

まず、一般化可能性係数は0.79～0.82であり、信頼性係数で一般に求められる水準（0.70～0.80以上）をいずれも満たしている。すなわち、「PBLにおける問題解決能力」の得点の順位の一貫性は高く、またそれを用いて相関研究などの統計的分析に用いることは差し支えないと考える。また、信頼度係数は0.75～0.81であり、こちらも十分な値が得られ、得点の絶対的一致性

表1－16　前期改良版トリプルジャンプの全観点の因子分析結果

	評価観点	Factor1	Factor2	共通性
ステップ1・2	学習課題の設定	.90	-.20	.61
	解決策の着想	.74	-.12	.44
	学習結果とリソース	.70	.02	.50
	最終解決策の提案	.67	.15	.60
	解決策の検討	.66	.20	.64
	問題発見	.54	-.10	.24
ステップ3	コミュニケーション	.05	.79	.69
	追加情報の収集	-.07	.77	.53
	共感的態度	-.26	.67	.29
	情報の統合	.28	.66	.75
	因子寄与	3.981	3.420	
	因子間相関	Factor1	Factor2	Factor2
		Factor1	-	
		Factor2	.64	-

表1－17　前期改良版トリプルジャンプの各分散成分の推定値と一般化可能性係数・信頼度係数

要因	全ステップ		ステップ1・2		ステップ3	
	分散成分の推定値	(%)	分散成分の推定値	(%)	分散成分の推定値	(%)
学生	0.114	22.94%	0.135	27.33%	0.155	30.33%
評価者	0.002	0.40%	0.007	1.42%	0.000	0.00%
評価観点	0.035	7.04%	0.039	7.89%	0.037	7.24%
学生×評価者	0.030	6.04%	0.029	5.87%	0.049	9.59%
学生×評価観点	0.136	27.36%	0.101	20.45%	0.117	22.90%
評価者×評価観点	0.012	2.41%	0.017	3.44%	0.001	0.20%
学生×評価者×評価観点	0.168	33.80%	0.166	33.60%	0.152	29.75%
一般化可能性係数	.80		.79		.82	
信頼度係数	.77		.75		.81	

も高いといえよう。先述のレポート評価と比較すると、学生の主効果の分散成分が大きいことに加え、学生×評価者の交互作用(教員によって高く評価される学生が異なる)の分散成分が小さいことが、より高い信頼性係数が得られた原因であると考えられる。

第3項 「PBL科目」の改良版トリプルジャンプ(後期)

前期の改良版トリプルジャンプと同様の検討を行う。まず、ステップ1・2の要約統計量を**表1-18**に、ステップ3の要約統計量を**表1-19**に示す。前期と同様に、ステップ1・2、ステップ3ともに、評価者Cが「問題発見」において平均値が相対的に低く、辛めに評価している以外は、評価者のズレの傾向はあまりみられない。また級内相関係数をみると、こちらも全般的に高く、評価者が1人でも一定程度の信頼性が担保できていることがわかる。

次に、評価者3名の各評価観点の平均と評価観点全体(「PBLにおける問題解決能力」)の平均の要約統計量を**表1-20**に示す。「PBLにおける問題解決能力(ステップ1・2)」とステップ1・2の各評価観点、「PBLにおける問題解決能力(ステップ3)」とステップ3の各評価観点は、いずれも強めの正の相関関係を示している。前期と同様の傾向であるが、平均値は前期と比較して、多くの観点で高くなっている。

さらに、評価者3名の各評価観点の平均同士の相関係数を**表1-21**に示す。こちらも前期と同様に、全体的にステップ1・2の評価観点同士と、ステップ3の評価観点同士で、弱い〜中程度以上の正の相関関係が得られている。したがって、前期と同様の尺度構成を想定し、「PBLにおける問題解決能力(ステップ1・2)」「PBLにおける問題解決能力(ステップ3)」「PBLにおける問題解決能力(全ステップ)」に関してそれぞれ、学生・評価者・評価観点という3つの変動要因の主効果とそれらの要因の交互作用の分散成分と、それをもとに算出した一般化可能性係数および信頼度係数を**表1-22**に示す。

まず、一般化可能性係数は0.79〜0.83であり、信頼性係数で一般に求められる水準(0.70〜0.80以上)をいずれも満たしている。すなわち、「PBLにおける問題解決能力」の得点の順位の一貫性は高く、またそれを用いて相関研

表1－18　後期改良版トリプルジャンプ（ステップ1・2）の要約統計量

評価観点	評価者	平均値	中央値	*SD*	最小値	最大値	*ICC*(*2,1*)	*ICC*(*3,1*)
問題発見	A	1.95	2	0.79	0	3	.51	.41
	B	2.01	2	0.57	0	3		
	C	1.35	2	0.83	0	3		
解決策の着想	A	1.86	2	0.72	0	3	.58	.58
	B	1.92	2	0.57	1	3		
	C	1.75	2	0.70	0	3		
学習課題の設定	A	2.05	2	0.84	1	3	.57	.56
	B	1.83	2	0.64	0	3		
	C	2.05	2	0.78	1	3		
学習結果とリソース	A	2.08	2	0.65	1	3	.58	.57
	B	1.88	2	0.63	1	3		
	C	1.89	2	0.83	0	3		
解決策の検討	A	0.99	1	0.76	0	3	.51	.49
	B	1.23	1	0.59	0	3		
	C	1.12	1	0.45	0	3		
最終解決策の提案	A	1.73	2	0.56	0	3	.46	.45
	B	1.66	2	0.52	0	3		
	C	1.51	1	0.76	0	3		

究などの統計的分析に用いることは差し支えないと考える。また、信頼度係数は0.71～0.75であり、こちらも十分な値が得られ、得点の絶対的一致性も高いといえよう。

以上より、本研究で事例として取り扱う2種類の科目のパフォーマンス評価に関して、「大学学習法」のレポート評価は、6つの評価観点からなるルーブリックによって4名の教員が評価した結果を得点化し、その平均値によって「アカデミック・ライティング能力」を捉える量的指標とした場合、一般化可能性係数から、相対的な順位を反映することに関する信頼性は一定程度担保されているといえる。なお、類似の記述式課題への評価の一般化可能性係数を報告している先行研究は0.60前後であり（例えば、平井, 2006；松下他,

表1−19　後期改良版トリプルジャンプ（ステップ3）の要約統計量

評価観点	評価者	平均値	中央値	*SD*	最小値	最大値	*ICC*(2,1)	*ICC*(3,1)
追加情報の収集	A	0.66	1	0.74	0	2	.54	.53
	B	0.81	1	0.63	0	2		
	C	0.87	1	0.69	0	3		
情報の統合	A	1.77	2	0.59	0	3	.49	.48
	B	1.64	2	0.62	0	3		
	C	1.58	2	0.54	0	3		
共感的態度	A	1.87	2	0.75	0	3	.50	.43
	B	1.33	1	0.63	0	3		
	C	1.47	1	0.61	1	3		
コミュニケーション	A	1.83	2	0.70	0	3	.42	.42
	B	1.67	2	0.61	1	3		
	C	1.76	2	0.66	1	3		

2013；宇佐美, 2011など)、それらと比較すると若干高めの結果が得られたといえる。特に、同じレポート評価を検討した松下他(2013)よりも高めに見積もられたことに関しては、4名の教員で評価していることに加え、学生の分散を捉えることができるようにルーブリックのレベル数を増やしたことなどの複合的な要因が考えられるだろう。

それに対して、得点の絶対的な一致性を反映する信頼度係数は満足できるものとはいえない。これは、学生の得点の順位(すなわち、相対的な位置関係)ではなく、例えば得点から学生の学習成果がどの達成水準にあるのかを直接解釈したい場合などを想定し、それが安定しているのかどうかを議論の俎上に載せる際には問題となってくる。ただし、本研究で扱う「アカデミック・ライティング能力」は、特に学習成果の間接的指標とどのような関連性をもつのか、すなわち相関的な分析に用いることを想定しているため、得点の絶対的な一致性は問題にされない。よって、本研究では本章と同様の手続きで変数化した「アカデミック・ライティング能力」を使用することとする。

一方、「PBL科目」の改良版トリプルジャンプは、全ステップの10個の評

表1－20　後期改良版トリプルジャンプ（ステップ3）の要約統計量

	変数名	平均値	*SD*	PBLにおける問題解決能力との相関係数		
				全ステップ	ステップ1・2	ステップ3
ステップ1・2	問題発見	1.77	0.61	.65	.70	-
	解決策の着想	1.84	0.56	.70	.77	-
	学習課題の設定	1.98	0.64	.63	.76	-
	学習結果とリソース	1.95	0.60	.72	.76	-
	解決策の検討	1.11	0.50	.64	.70	-
	最終解決策の提案	1.63	0.50	.72	.68	-
ステップ3	追加情報の収集	0.78	0.57	.64	-	.77
	情報の統合	1.66	0.48	.73	-	.77
	共感的態度	1.55	0.54	.65	-	.82
	コミュニケーション	1.76	0.51	.72	-	.86
	PBLにおける問題解決能力（ステップ1・2）	1.71	0.42	.92	-	-
	PBLにおける問題解決能力（ステップ3）	1.44	0.42	.85	-	-
	PBLにおける問題解決能力（全ステップ）	1.60	0.37	-	-	-

表1－21　後期改良版トリプルジャンプの各評価観点（評価者3名の平均）の相関係数

評価観点	1	2	3	4	5	6	7	8	9
1　問題発見	-								
2　解決策の着想	.50*	-							
3　学習課題の設定	.46*	.49*	-						
4　学習結果とリソース	.28*	.60*	.52*	-					
5　解決策の検討	.43*	.35*	.42*	.45*	-				
6　最終解決策の提案	.38*	.42*	.35*	.44*	.49*	-			
7　追加情報の収集	.28*	.31*	.17	.36*	.32*	.43*	-		
8　情報の統合	.27*	.43*	.38*	.56*	.30*	.53*	.40*	-	
9　共感的態度	.41*	.27*	.17	.21	.29*	.42*	.54*	.46*	-
10　コミュニケーション	.36*	.33*	.21	.41*	.33*	.50*	.48*	.68*	.64*

*$p < 0.5$

表1－22　後期改良版トリプルジャンプの各分散成分の推定値と一般化可能性係数・信頼度係数

要因	全ステップ		ステップ1・2		ステップ3	
	分散成分の推定値	(%)	分散成分の推定値	(%)	分散成分の推定値	(%)
学生	0.116	18.95%	0.136	22.93%	0.12	19.34%
評価者	0.002	0.33%	0.003	0.51%	0.00	0.16%
評価観点	0.133	21.73%	0.091	15.35%	0.19	30.37%
学生×評価者	0.014	2.29%	0.018	3.04%	0.03	5.06%
学生×評価観点	0.119	19.44%	0.118	19.90%	0.07	11.76%
評価者×評価観点	0.025	4.08%	0.028	4.72%	0.02	3.59%
学生×評価者×評価観点	0.203	33.17%	0.199	33.56%	0.18	29.72%
一般化可能性係数	.83		.79		.83	
信頼度係数	.75		.71		.73	

価観点からなるルーブリックによって3名の教員が評価した結果を得点化し、その平均値によって「PBLにおける問題解決能力」を捉える量的指標とした場合、一般化可能性係数と信頼度係数はどちらも満足できる値が得られた。また、ステップ1・2の6つの評価観点(シナリオから問題を発見し、最終解決策を提案するまでのプロセスをワークシートの記述から評価するもの)、ステップ3の4つの評価観点(ロールプレイでの解決策の実行を評価するもの)、それぞれの平均値に関しても、同様の結果が得られた。因子分析の結果からも、これらをPBLにおける問題解決能力の別々の側面を捉えるものとして使用することに問題はないと考えられる。よって、本研究では、各章の目的や調査デザインに合わせてステップ1・2やステップ3をどのように扱うのかを適宜選択し、本章と同様の手続きで変数化した「PBLにおける問題解決能力」を使用することとする。

第4項　今後の課題と展望

「大学学習法」のレポート評価と「PBL科目」の改良版トリプルジャンプを比較すると、レポート評価は特に、評価の絶対的な一致性を担保することに関しては若干困難なようである。評価観点別にみても、評価者間(教員)の評価の一致度はレポート評価のほうが全般的に低い。本研究で扱っている事例では、キャリブレーションを行っており、それに加えて複数年度の実践の積み重ねのある教員の評価を使用しているため、単純に評価のトレーニングによって解決することではないと考えられる。また、改良版トリプルジャンプのステップ1・2はワークシートの記述をもとに評価しているが信頼性は高いため、これは単に記述式や論述式だから評価が困難であるということではないだろう。

ただし、改良版トリプルジャンプのステップ1・2のワークシートは、複数の設問に対して学生が回答する形式になっており、それぞれの設問がルーブリックの評価観点にある程度対応しており、構造化されている。それに対してレポートは、どのように構造化するのかは学生次第である。ルーブリックの評価観点どおりに評価しやすい学生のレポートと、そうでないレポートがあることを想定することは容易であろう。

そこで、信頼性を高めるために、レポート評価のルーブリックの観点数を増やしたり、あるいは評価しやすくなるようにワークシートのようにどこに何を書くべきかをあらかじめ学生に明示したりするといった方策が考えられる。しかし、「信頼性を高める」ことだけを目的としたこのような方策に、筆者は懐疑的な立場をとる。前者は、松下他(2013)が指摘するように、評価の実行可能性を損なうことが考えられる。また後者は、学生が自分自身でレポートの全体を構成したり、読み手を考えてわかりやすい文章を書いたりするという能力に関して、可視化しづらくしてしまうだろう。量的評価が基盤とする心理測定学的な立場から、過度に信頼性を重視し、質的評価であるパフォーマンス評価の本来の機能を損ねてしまっては本末転倒といわざるを得ない。Popham(1997)が述べるように、信頼性よりも指導のインパクトを優先するべきであろう。

ただし、それは信頼性を不問にして良いということを意味するわけではない。質的評価の立場から、内容的妥当性や表面的妥当性が高く、真正性のある評価を行ったとしても、その評価結果を量的指標化した際に信頼性が著しく低いようであれば、その指標が捉えようとしていた能力を反映するのものだったのかどうかには疑義が生じる。それを何かしらのエビデンスに用いたりすれば、重大な誤謬を招く危険性をはらむのである。

このような緊張関係に留意しながら、多肢選択式や短答式などの客観的な評価では評価することが困難である高次の統合的な能力を、量的評価でなされる議論にも耐えうる質的評価によって捉え、わかりやすく可視化したり、他の変数との関連を検討したりすることには意義が認められると考えられる。

まとめ

本章では、本研究で検討対象としている高次の統合的な能力を評価するためのパフォーマンス評価から得られた学生×評価者×評価観点という3相データからなる評価結果に対して、それに親和性が高いと考えられる一般化可能性理論によって信頼性の検討を行った。その結果、2種類のパフォーマンス評価から得られた量的指標は、一部改良すべき点が見出せたものの、一般に要求されるような信頼性の基準を満たしていると判断できた。よって、次章以降ではそのような量的指標を用いて、統計学的な分析を行っていくこととする。

第2章
学習成果の間接評価は教員による直接評価の代替たりえるか

第1節　高等教育における多様な学習成果の評価方法
第2節　学習成果の直接評価と間接評価の関連に関する先行研究
第3節　コースレベルにおける学習成果の直接評価と間接評価の関連の検討

はじめに

序章で述べたように、昨今の日本の高等教育では、学習成果の直接的指標と間接的指標との関連が活発に議論されている。第1章において、新潟大学歯学部における2種類のパフォーマンス評価は、複数名の教員による評価によって、信頼性が一定程度担保されていることを示した。本章では、このパフォーマンス評価と、日本の学習成果の間接評価として有力な学生調査用アンケートを用いて、その関連性を統計的手法によって検討し、直接評価と間接評価の関連の議論に資することを目的とする。またそれとともに、本研究の検討対象としているような高次の統合的な能力に関して、どの程度自己評価できるのか。教員による評価と学生の自己評価の関連も確認しながら、明らかにしたい。

第1節　高等教育における多様な学習成果の評価方法

昨今の日本の高等教育においては、学習成果の可視化に関する議論に注目が集まっており、各大学で様々な取り組みが行われている。例えば、文部科学省では、2014年度から、国として進めるべき大学教育改革を一層推進するため、教育再生実行会議などで示された新たな方向性に合致した先進的な取り組みを実施する大学を支援することを目的とした「大学教育再生加速プログラム」(Acceleration Program for University Education Rebuilding : AP)を実施しており、「学習成果の可視化」のテーマにおよそ30機関(複合型も含む)が採択された(文部科学省, 2014)。そこでは、当該大学の教育目標の達成度を可視化するために、様々な可視化の方法が用いられている。

例えば、GPAやポートフォリオといったその大学のカリキュラムにおいて実施されている評価の集積の利用や、独自に開発した学習成果の指標の利用、教育関連企業が開発した汎用的技能や社会人基礎力を評価するためのテストの利用、学生調査などによるリッカート形式のアンケート項目の利用などが挙げられる。選定大学の多くが、これら複数の評価方法を組み合わせて、多様な学習成果を捉えようと試みている。

これら学習成果の評価方法は直接評価と間接評価に大別できる。他の分類については松下(2017)を参照されたい。直接評価は学生の知識・技能や能力などの表出という学習成果の直接的なエビデンスに基づくもの(何ができるか)であり、間接評価は学習成果についての学生の自己報告(何ができると思っているか)や学習行動や意識の自己報告、退学率や就職率などの間接的なエビデンスに基づくものである(Banta & Palomba, 2015; 松下, 2012, 2017)。

これら2種類の評価の分類に関して論点になることは、標準化されているかどうか、真正性があるかどうかや評価者が誰であるかといったことではない。テストやレポート、発表など、その知識・技能や能力の表れをエビデンスとして評価しているかどうかである。学生調査などで多用されるアンケート項目による学生の自己報告はそのようなエビデンスを伴わないため、間接評価に該当する。一方、直接的なエビデンスをもとに評価しているのであれば、教員による評価のみならず、学生自身の自己評価や学生同士のピア評価も直接評価となる。GPAは当該大学における直接評価や間接評価の累積的指標といえるだろう。また、教育関連企業が開発したテストについてみると、ベネッセi-キャリアが開発したGPS-Academicのように直接評価のみで構成されているものもあれば(ベネッセi-キャリア 2016)、河合塾とリアセックが開発したPROGのように直接評価(「リテラシー」を測定)と間接評価(「コンピテンシー」を測定)を組み合わせたものもある(PROG白書プロジェクト, 2015)。

留意すべきことは、日本の高等教育において、直接評価と間接評価が捉えたい学習成果に応じて使い分けられているわけではないということである。同じ学習成果でも、様々な評価方法が考案されている。

例えば批判的思考力という能力に関して、先述のGPS-Academicでは紙媒体のテスト(多肢選択式、記述・論述式)という直接評価で、その回答を採点することにより、その能力を捉えようとしている。また、宮崎国際大学のAPの取り組みにおいては、自大学の教育理念に基づく批判的思考力を捉えるために、独自のテスト(宮崎国際大学クリティカル・シンキングテスト：MICCAT)を開発し、全て英語による多肢選択式問題という直接評価によって能力を捉えようとしている（大関, 2017）。他方、学生に対して調査票を配布し、「以下の能力や知識はどの程度身についていますか」といった教示のもと、「批判的に考える能力」「ものごとを批判的・多面的に考える力」「他人の意見に根拠のある批判をする力」といった項目に対して、リッカート形式で回答させるという間接評価によって批判的思考力を捉えようとするものもある（例えば, 宮本他, 2016; 山田, 2012, 2015, 2016; 山田・森, 2010）。

ここで生じる疑問は、この例のように、同じ言葉を用いている能力に関する直接評価と間接評価は、どの程度代替可能かという点である。もしお互いが線形的な関係、すなわち非常に強い（正の）相関関係となるのであれば、どちらかの指標で事足りるということになる。一般には、間接評価は幅広いトピックを数多くの対象者に簡便に調査することが可能である（Banta & Palomba, 2015）。そしてそれが直接評価と代替可能なのであれば、学習成果を可視化するための評価の実行可能性がより高まるであろう。

第2節　学習成果の直接評価と間接評価の関連に関する先行研究

米国の高等教育界において、学習成果における直接評価と間接評価に相関がみられるかという議論は古くからなされている（e.g., Anaya, 1999: Astin, 1993; Pike, 1996）。また昨今、同様の議論は日本の大学教育においても活発になってきている。例えば、大学教育学会の課題研究「学士課程教育における共通教育の質保証」（2013～2015年度）では、学習成果の直接評価と間接評価を併用する方策を模索するため、直接評価による評定結果と間接評価による評定結果の間にどの程度の相関がみられるのかを検討している（松下他, 2014; 山田他, 2015; 山田, 2015, 2016）。

具体的には、大学生を対象に汎用的な学習成果を評価するような小テスト（直接評価）と、学習成果の獲得に関して自己報告を求める学生調査用の項目（間接評価）の両方を盛り込んだ調査票を開発・実施し、それらの相関関係から、間接評価は一定の整合性がある評価指標として利用できると報告している（山田, 2015, 2016）。ただし、ここで報告されている相関関係の解釈には慎重になる必要がある。有意と報告された直接評価と間接評価の相関係数は効果量でいえば高いとはいえず、10%に満たない分散説明率である。また有意な関連があったと報告されたのは複数の項目の一部の組み合わせのみである。

このような直接評価と間接評価の関連の度合いは、Anaya (1999) の米国の調査においても共通しており、SAT (大学進学適性試験) やGRE (大学院進学の共通試験) といった直接評価と学生の自己報告による間接評価との相関は弱く、やはり分散説明率は10%に満たない。もしこのような傾向が頑健なものであるならば、直接評価と間接評価は緩やかな関連をみせるものの、決して代替可能ではなく、「何ができるか」と「何ができると思っているか」という学習成果の2種類の異なる側面をそれぞれ測定していると捉えることが妥当であろう。これは、テスト得点に代えて学生の自己報告を用いることは正当化できないというPike (1996) の指摘や、GPAのような事実の情報さえも、学生の報告を介することで正確に提供されない可能性があるというBanta & Palomba (2015) の指摘と合致する。

以上のように、直接評価と間接評価の関連を議論する際には、関連の有意性だけではなく強さ (効果量の大きさ) も考慮しながら、それぞれの評価や指標が担う役割や射程を慎重に解釈していく必要がある。

英米を中心とした「エビデンスに基づく教育 (evidence-based education)」を求める動きは昨今の日本でも顕著になってきており (石井, 2015)、効果の検証には何かしらの評価手法によって得点化した量的指標が多く用いられることになると予想される。その際、当該の指標によって何が捉えられるのかという議論を置き去りにしたままでは、本来射程外であることにまで一般化してしまう危険性をはらむと考えられる。

例えばアクティブラーニング型科目の効果検証として学生調査のような問題解決能力の自己報告を指標に用いた場合、それが「何ができるか」の代替として使用できると保証されない限り、その検証結果の解釈の範囲は「何ができると思っているか」に限定すべきであろう。特に、その指標と他の心理変数や学習経験などとの関連を相関分析によって検討するといった量的研究を想定した場合、間接評価によって捉えた問題解決能力と直接評価によって捉えた問題解決能力の相関が弱い〜無相関だとするならば、他の変数との関連も全く異なったものが得られると予想される。そのような場合、アクティブラーニング型科目の経験の度合いが、間接評価によって捉えた問題解決能力に対して大きな説明力をもっていたとしても、直接評価によって捉えた問題解決能力をほとんど説明しない、ということもあり得るだろう。

また、評価する能力が異なれば、直接評価と間接評価の関連の強さが異なってくる可能性も考えられる。さらに、同じ直接評価であっても、主観的評価であれば、エキスパートである教員の鑑識眼を通すか、ノービスの学生の鑑識眼を通すかで、その指標のもつ意味が異なってくる可能性も考えられる。このような議論を発展させるためには、様々な評価手法から得られる指標の関連の強さに関する知見を多く積み重ねていく必要がある。まさに山田(2015, 2016)の調査は、複数の評価を組み合わせた調査票によって、プログラムおよび機関レベルの学習成果を多面的に捉えるための方策を提示し、今後の直接評価と間接評価の関連に関する議論をさらに発展させる知見を示しており、その点で意義があるといえる。

ただし、山田(2015, 2016)の調査はプログラムレベルおよび機関レベルにおける学習成果の直接評価と間接評価の関連に焦点を当てているが、直接評価は多肢選択式の小テストである。一般的にはこれらは比較的低次の能力を捉えることに親和性の高いものであり、昨今の高等教育において育成が求められている高次の統合的な能力を捉えることは困難だと考えられる(Hart, 1994)。本章の問いはここにある。当該大学あるいは学部のディプロマ・ポリシーの高次の統合的な能力を捉えるためにデザインされており、丹念に信頼性と妥当性が検討されて実施されたパフォーマンス評価から得られた直接的指標と、学生調査のようなプログラムレベルの学習成果に関する自己報告という間接的指標はどの程度の関連の強さをみせるのだろうか。また、そのような高次の統合的な能力に関して、教員による評価と学生の自己評価はどの程度の関連の強さをみせるのだろうか。さらに、そのような関連は、捉えようとする能力によって異なるのだろうか。

第3節　コースレベルにおける学習成果の直接評価と間接評価の関連の検討

第1項　問題と目的

以上の問題意識から本章では、複数の評価から得られる指標同士の関連の議論に資するため、高次の統合的な能力を捉えるための2種類のパフォーマンス評価の実践を事例とし、パフォーマンス評価における教員による評価と学生の自己評価（どちらもコースレベルの直接評価であるが、ディプロマ・ポリシーに密接に関連するもの）との関連、およびそれら直接評価とプログラムレベルの学習成果についての学生による自己報告（間接評価）との関連について検討する。なお、特にパフォーマンス評価における教員による評価と学生の自己評価の関連について検討する際には、平均値の比較と相関分析によって、絶対的・相対的双方からその様相をみる。

限られた事例ではあるが、後述するように、取り上げる2種類のパフォーマンス評価は複数年の実践を積み重ね、担当教員と評価の専門家によって信頼性・妥当性の検討が行われてきたものである。これまでの先行研究において、信頼性・妥当性の検討を経たパフォーマンス評価によって捉えた学生の高次の統合的な能力と、学生調査用の項目から捉えようとする諸能力との関連を検討した研究は少ない。また、高次で統合的な能力を捉えるためのパフォーマンス評価において、エキスパートの教員による評価と、ノービスの学生の自己評価との関連やズレを定量的に検討した研究も少ない。本章では、異なる能力を捉えようとする2種類の事例を取り上げることで、先述の評価する能力が異なった場合に、直接評価と間接評価の関連の強さが異なってくる可能性についても言及する。これらの検討を通して、異なる評価が担う役割と射程、そこからみえてくる課題を議論する。

第2項　方法

(1) 調査対象科目・調査対象者と手続き

本章において事例として取り上げる科目とパフォーマンス評価は2つある。1つ目は、新潟大学歯学部における、レポートの書き方やプレゼンテーションの仕方などについて講義・演習を行う初年次生対象の科目「大学学習法」である。そこでは、アカデミック・ライティング能力を捉えるためのパフォーマンス評価が行われた(松下他, 2013; 小野・松下, 2016)。2つ目は、同学部口腔生命福祉学科における、2年次生を対象としたPBL科目である。この科目は、学生自身が歯学に関わるテーマから問題を見出し、仮説を立て、学習課題を設定し、授業のない空き時間に学習課題を調査、自習し、さらに学習課題に関連したセミナーで新たに得た知識をもとに問題解決へ取り組むというものである(小野他, 2014; 小野・松下, 2015)。こちらでは、PBLにおける問題解決能力を捉えるためのパフォーマンス評価が行われた。それぞれのパフォーマンス評価の詳細は、第1章を参照されたい。

新潟大学歯学部において、これらはディプロマ・ポリシーに関連する重要科目であり、それらのパフォーマンス評価で捉えようとしている能力もディプロマ・ポリシーと密接に関連するようにデザインされている(小野, 2016, 2017)。よって、プログラムレベルの学習成果についての学生の自己報告との関連を検討するものとして、整合性があると考えられる。

(2) 直接評価1(レポート評価)

学生には講義・演習で身に付けた知識やスキルをもとにレポートを作成する課題が与えられた。そして学生のレポートから、アカデミック・ライティングにおける統合的な能力を捉えるため、「背景と問題」「主張と結論」「論拠と事実・データ」「対立意見の検討」「全体構成」「表現ルール」の6つの観点からなるライティング・ルーブリックを用いて教員4名で評価し、レベルに応じて得点に換算した。この4名は複数年この科目の指導と評価に関わっており、評価に先立ってルーブリックの記述語の共通理解を目指し、さらに前年度以前の学生のレポートのうち特徴的な3本を採点事例として共有するなどしてキャリブレーションを行っている(第1章参照)。

さらに、課題の提示と同時に、学生へのルーブリックの提示と評価基準の解説が行われた。そして、同じルーブリックを用いて、学生も自分のレポートを自己評価した。ここでは、教員4名の6観点の平均を「アカデミック・

ライティング能力(教員)」、学生の自己評価の6観点の平均を「アカデミック・ライティング能力(自己)」と表記する。

(3) 直接評価2(改良版トリプルジャンプ)

「PBL科目」では、PBL における問題分析・問題解決能力、自己学習能力を評価するために考案された、「改良版トリプルジャンプ」というパフォーマンス評価を実施している。問題解決能力を評価するために用いられた課題とルーブリックは歯学と教育評価の専門家によって内容的妥当性、表面的妥当性が確認され、複数名の評価者間の評価の整合性の観点から信頼性が確認されている(小野他, 2014)。

改良版トリプルジャンプは、3つのステップからなり、PBLで学んだ学生の学習成果を評価するために開発された方法である。具体的には、ステップ1で提示されたシナリオ(第1章参照)から問題をみつけだし、解決策を立案、学習課題を設定し、その過程を60分間でワークシートに記述させる。ステップ2は学習課題を調査し学習するだけでなく、その結果をもとに解決策を検討し、最終的な解決策を提案するまでを含めて1週間としてその過程もワークシートに記述させる。そしてステップ3においてシナリオの状況を再現して、教員を相手にロールプレイさせることにより、解決策の実行までを評価する。ワークシートによる筆記課題とロールプレイという実演課題を組み合わせ、2種類の異なるタイプのルーブリック(ステップ1・2は様々な評価課題に対応できる一般的ルーブリック、ステップ3は課題特殊的ルーブリック)を用いたパフォーマンス評価である。

なお、ステップ1・2においてのみ、教員が使用するルーブリックを学生に示し、自己評価をさせている。本章では教員による評価と学生の自己評価との関連を検討することを目的としているため、ステップ1・2の評価結果のみを使用する。問題解決における統合的な能力を捉えるため、「問題発見」「解決策の着想」「学習課題の設定」「学習結果とリソース」「解決策の検討」「最終解決策の提案」の6つの観点からなるステップ1・2(第1章参照)を用いて教員3名で評価し、レベルに応じて得点に換算した。ここでは、教員3名の6

観点の平均を「PBLにおける問題解決能力(教員)」、学生の自己評価の6観点の平均を「PBLにおける問題解決能力(自己)」と表記する。

(4) 間接評価(プログラムレベル)

大学教育学会の課題研究「学士課程教育における共通教育の質保証」サブテーマ3が開発した「新入生学習調査2014(JFLS2014)」のうち、汎用的な学習成果を測定するための20項目を間接評価として使用した。具体的な項目は、**表2-1**を参照されたい。「現在身についている能力や知識」を、この科目に限らず問うものであった(「とても少ない」～「とても多い」の5件法、1～5点に換算)。これらの項目は、国際比較もできるように設計された日本版大学生調査研究プログラムJCIRP(Japanese Cooperative Institutional Research Program)をもとにしたものであり、すでに多くの大学・短期大学で実施され十年以上の実証的な研究蓄積があることに加え、現在も大学IRコンソーシアムの学生調査で利用されるなど、学習成果の間接評価として大きな影響力をもっている(cf. 松下他, 2014; 山田, 2012; 山田他, 2015)。

第3項　結果と考察

(1) 要約統計量と直接評価における教員による評価と学生の自己評価の比較

それぞれの指標の要約統計量を表2-1に示す。まず、直接評価である「アカデミック・ライティング能力(教員)」と「アカデミック・ライティング能力(自己)」の平均値を比較すると、自己評価の方が高くなる傾向にあった($t(173)=19.58$, $g=1.99$, $p=.00$)。そしてその相関係数は.105とほぼ無相関であった。

次に、「PBLにおける問題解決能力(教員)」と「PBLにおける問題解決能力(自己)」とでは、同様に自己評価のほうが高くなる傾向にあり($t(58)=9.16$, $g=1.57$, $p=.00$)、その相関係数は.152とほぼ無相関であった。つまり、絶対的にも相対的にも、教員による評価と学生の自己評価はズレていることになる。特に差の効果量から、学生は教員よりも、プールした標準偏差およそ1.5～2個分高めの得点をつけていることになり、これは学生の評価がかなり甘めであることを示している。このように、ルーブリックという共通の評価基準を用いたとしても、教員による評価と学生の自己評価との間には大きな乖離がみられることが明らかとなった。

(2) アカデミック・ライティング能力（教員・自己）とJFLS2014との関連

それぞれの指標の相関係数およびその95％信頼区間を**表2-2**に示す。「アカデミック・ライティング能力（教員）」と間接評価であるJFLS2014の20項目との相関係数は－.184～.015であり、ほぼ無相関～弱い（負の）相関である。

表2－1　「アカデミック・ライティング能力」および「PBLにおける問題解決能力」とJFLS2014との要約統計量

変数名	平均値	*SD*	変数名	平均値	*SD*
大学学習法（*n*=178）			PBL科目（*n*=60）		
アカデミック・ライティング能力（教員）	1.36	0.37	PBLにおける問題解決能力（教員）	1.45	0.37
アカデミック・ライティング能力（自己）（ω=,66）	2.11	0.39	PBLにおける問題解決能力（自己）（ω=,66）	2.00	0.31
JFLS1一般的な教養	3.19	0.83	JFLS1一般的な教養	2.95	0.61
JFLS2分析や問題解決能力	2.97	0.97	JFLS2分析や問題解決能力	2.75	0.87
JFLS3専門分野や学科の知識	2.15	0.95	JFLS3専門分野や学科の知識	2.45	0.94
JFLS4批判的に考える能力	3.10	0.96	JFLS4批判的に考える能力	2.86	0.87
JFLS5異文化の人々に関する知識	2.79	0.93	JFLS5異文化の人々に関する知識	2.22	0.80
JFLS6リーダーシップの能力	2.67	1.08	JFLS6リーダーシップの能力	2.50	0.98
JFLS7人間関係を構築する能力	3.39	0.99	JFLS7人間関係を構築する能力	3.26	0.91
JFLS8他の人と協力して物事を遂行する能力	3.62	0.92	JFLS8他の人と協力して物事を遂行する能力	3.78	0.80
JFLS9異文化の人々と協力する能力	2.82	0.99	JFLS9異文化の人々と協力する能力	2.60	0.97
JFLS10地域社会が直面する問題の理解	3.02	0.87	JFLS10地域社会が直面する問題の理解	2.59	0.88
JFLS11国民が直面する問題の理解	3.04	0.86	JFLS11国民が直面する問題の理解	2.57	0.80
JFLS12文章表現の能力	2.98	1.10	JFLS12文章表現の能力	2.69	0.84
JFLS13プレゼンテーションの能力	2.76	1.07	JFLS13プレゼンテーションの能力	2.33	0.89
JFLS14数理的な能力	2.81	1.02	JFLS14数理的な能力	2.52	0.84
JFLS15コンピュータの操作能力	2.85	1.12	JFLS15コンピュータの操作能力	2.53	0.92
JFLS16卒業後に就職するための準備の程度	2.37	0.97	JFLS16卒業後に就職するための準備の程度	2.22	0.75
JFLS17コミュニケーションの能力	3.38	1.00	JFLS17コミュニケーションの能力	3.21	0.89
JFLS18時間を効率的に利用する能力	3.00	1.03	JFLS18時間を効率的に利用する能力	3.03	0.79
JFLS19グローバルな問題の理解	2.83	0.94	JFLS19グローバルな問題の理解	2.21	0.74
JFLS20外国語の能力	2.63	0.91	JFLS20外国語の能力	2.09	0.78

信頼区間からわかるように、その傾向はある程度頑健であるといえよう。それに対し、「アカデミック・ライティング能力(自己)」と、JFLS2014の「分析や問題解決能力」「批判的に考える能力」「文章表現の能力」といったアカデミック・ライティングと直接関連すると考えられる項目との間には、小〜中程度の正の相関関係がみられた。

ただし、「リーダーシップの能力」「人間関係を構築する能力」「数理的な能力」といった、アカデミック・ライティングと直接関連すると考えにくい項目との間にも中程度の正の相関関係がみられる。このような不自然な相関関係に関する考察は、「PBL科目」の結果とともに後述する。

(3) PBLにおける問題解決能力(教員・自己)とJFLS2014との関連

次に、「PBLにおける問題解決能力(教員)」と間接評価であるJFLS2014の20項目との相関係数は－.179〜.251であり、ほぼ無相関〜弱い相関である。また、「PBLにおける問題解決能力(自己)」と、JFLS2014との相関係数も同様に、－.198〜.198であり、ほぼ無相関〜弱い相関である。その中でも、同じ問題解決能力という言葉を用いている「PBLにおける問題解決能力(自己)」とJFLS2014の「分析や問題解決能力」とほぼ無相関あったことは特筆すべき点である。これは、改良版トリプルジャンプによって捉えようとしている問題解決能力と、学生が学生調査用項目で「現在身についている問題解決能力」を問われたときに想起する問題解決能力との間に、内容的な隔たりがあることの証左ではないだろうか。

先述のように、新潟大学歯学部において「PBL科目」はディプロマ・ポリシーに関連する重要科目であり、改良版トリプルジャンプというパフォーマンス評価で捉えようとしている問題解決能力もディプロマ・ポリシーと密接に関連するようにデザインされている。もし、プログラムレベルの評価として今回のような学生調査用の項目で学生による自己報告を用いた場合、それはディプロマ・ポリシーに掲げている能力とは内容的に異なるものを数値化してしまう危険性をはらんでいることをこの結果は示している。

また、その他のJFLS2014の項目と「PBLにおける問題解決能力(自己)」と

表2－2 「アカデミック・ライティング能力」および「PBLにおける問題解決能力」とJFLS2014との相関係数

変数名	アカデミック・ライティング能力（教員）	アカデミック・ライティング能力（自己）	PBLにおける問題解決能力（教員）	PBLにおける問題解決能力（自己）
	大学学習法		PBL科目	
	相関係数［95% *CI*］	相関係数［95% *CI*］	相関係数［95% *CI*］	相関係数［95% *CI*］
教員による評価	–		–	
学生の自己評価	.105 ［-.044～.250］	–	.139 ［-.122～.381］	–
JFLS1 一般的な教養	-.067 ［-.214～.082］	.159* ［.010～.302］	.173 ［-.091～.415］	-.046 ［-.305～.220］
JFLS2 分析や問題解決能力	-.138 ［-.281～.011］	.248* ［.101～.384］	.117 ［-.148～.366］	.077 ［-.190～.333］
JFLS3 専門分野や学科の知識	-.146 ［-.288～.002］	-.022 ［-.171～.129］	.088 ［-.175～.338］	.119 ［-.146～.368］
JFLS4 批判的に考える能力	-.107 ［-.251～.042］	.221* ［.074～.359］	-.030 ［-.286～.230］	.004 ［-.257～.264］
JFLS5 異文化の人々に関する知識	-.058 ［-.205～.091］	.159* ［.009～.302］	-.077 ［-.328～.185］	-.091 ［-.344～.173］
JFLS6 リーダーシップの能力	-.097 ［-.242～.052］	.318* ［.176～.447］	-.097 ［-.347～.165］	.142 ［-.123～.388］
JFLS7 人間関係を構築する能力	-.156* ［-.297～-.007］	.335* ［.195～.462］	-.132 ［-.378～.130］	.149 ［-.116～.394］
JFLS8 他の人と協力して物事を遂行する能力	-.103 ［-.248～.046］	.272* ［.127～.405］	.100 ［-.162～.350］	.198 ［-.066～.436］
JFLS9 異文化の人々と協力する能力	-.158* ［-.299～-.010］	.164* ［.014～.306］	-.144 ［-.388～.119］	-.056 ［-.312～.207］
JFLS10 地域社会が直面する問題の理解	-.054 ［-.200～.096］	.195* ［.047～.336］	.154 ［-.108～.397］	.003 ［-.258～.263］
JFLS11 国民が直面する問題の理解	-.104 ［-.248～.045］	.116 ［-.034～.262］	.145 ［-.118～.388］	-.198 ［-.436～.066］
JFLS12 文章表現の能力	.015 ［-.134～.163］	.323* ［.182～.452］	.137 ［-.126～.382］	.021 ［-.241～.280］
JFLS13 プレゼンテーションの能力	-.090 ［-.235～.059］	.331* ［.191～.459］	.003 ［-.255～.262］	.128 ［-.137～.376］
JFLS14 数理的な能力	-.088 ［-.233～.061］	.279* ［.134～.412］	.186 ［-.076～.424］	.095 ［-.170～.347］
JFLS15 コンピュータの操作能力	-.036 ［-.184～.113］	.133 ［-.018～.277］	.251 ［-.007～.479］	-.068 ［-.323～.196］
JFLS16 卒業後に就職するための準備の程度	-.126 ［-.269～.023］	.045 ［-.106～.193］	-.179 ［-.418～.083］	.029 ［-.233～.288］
JFLS17 コミュニケーションの能力	-.066 ［-.213～.083］	.289* ［.146～.421］	-.155 ［-.398～.107］	.100 ［-.165～.352］
JFLS18 時間を効率的に利用する能力	-.026 ［-.173～.123］	.103 ［-.047～.250］	-.075 ［-.327～.187］	.120 ［-.145～.369］
JFLS19 グローバルな問題の理解	-.184* ［-.324～-.037］	.254* ［.108～.389］	-.175 ［-.415～.087］	.018 ［-.243～.277］
JFLS20 外国語の能力	-.153* ［-.295～-.005］	.290* ［.146～.422］	.021 ［-.239～.278］	.145 ［-.120～.391］

＊ $p < .05$,　*CI*=confidence interval

の相関が全体的に弱いことは、先述の「アカデミック・ライティング能力（自己）」と異なる結果であり興味深い。「アカデミック・ライティング能力（自己）」では、そのような能力と直接関連すると考えづらいJFLS2014の一部の項目との間に不自然な正の相関関係がみられた。その原因として、学生側に起因する何かしらの第3の変数による疑似相関の可能性がまず考えられる。しかし、そのような擬似相関が学生の自己評価の際に安定的に生じるのであれば、「PBLにおける問題解決能力（自己）」との間にも同様の相関関係がみられるはずだが、こちらではみられなかった。

(4) 2種類のパフォーマンス評価の比較

上述のような擬似相関が生じていたのかどうかや、2種類のパフォーマンス評価で傾向が異なったのはなぜかについて検討することは、本章で収集した評価情報では困難である。しかし、ここでは2種類の科目の目標やパフォーマンス評価の差異に注目し、傾向の違いに関して解釈を試みたい。

初年次生を対象とした「大学学習法」は、汎用的技能としてのレポートの書き方やプレゼンテーションの仕方を身に付けることを主に目指すものである。そのため、パフォーマンス評価のレポート課題のテーマは「医療や科学の進歩がもたらした諸問題」であるものの、評価の観点は論理的思考や文章表現が中心となっており、領域特殊性は強くない。

それに対して、2年次生を対象とした「PBL科目」は、歯学に関わるテーマから問題を見出し、その問題解決へ取り組むことで、問題解決能力の形成を図るものである。そして、改良版トリプルジャンプというパフォーマンス評価によって、PBLにおける問題解決能力を評価している。そこではセミナーなどや自身で調べて得た医歯学系に関わる幅広い専門知識を基盤として活かしながら、シナリオから問題を見出し、その問題に対して最終的な解決策を提案する必要がある。さらに知識獲得を評価するための「学習結果とリソース(表1-4参照)」という評価観点も用意されている(小野他 2014, 斎藤他 2015)。すなわち、こちらでは問題解決に関わる知識・スキルだけではなく、領域特殊な知識の下支えも重要となる。このように2種類のパフォーマンス評価の間には、評価対象としている能力にとって領域特殊な知識が重要かそうでないかという違いがある。

このような違いを考慮すると、JFLS2014は、特定の領域を想定しないという意味での汎用的な学習成果をアンケート項目によって捉えようとするものであり、「アカデミック・ライティング能力」とは汎用的という点で共通している。もし、「汎用的能力に対する自己効力感」というような第3の変数の存在を仮定すれば、学生自身が回答するJFLS2014の項目への回答と「アカデミック・ライティング能力」の自己評価双方に正の影響を与えることが考えられ、それによる擬似相関が生じてもおかしくはないだろう。

他方、「PBLにおける問題解決能力」の学生の自己評価に、領域特殊の知識の獲得の程度など、領域特殊性が大きく反映されるのだとすれば、こちらには「汎用的能力に対する自己効力感」のような第3の変数の影響が小さく、結果としてJFLS2014との擬似相関もみられなかったという想定をすることが可能なのではないだろうか。これらはあくまで仮説であり、本章で実証的に示すことはできない。しかし、先述した2つの「問題解決能力」（改良版トリプルジャンプとJFLS2014の項目）に内容的な隔たりがあるという解釈とも整合性がつくものである。

以上のように、評価する能力が異なれば、直接評価と間接評価の関連の強さも異なることが示唆された。ただし、「PBL科目」は「大学学習法」と比較してもサンプルサイズが小さいため、信頼区間の上限と下限の幅は広い。よって、今回報告した「PBL科目」の効果量はサンプルを変えることで揺れ動く可能性が残されている。とはいえ、少なくとも両科目において、本章で得られたデータでは、教員による評価と、学生の自己評価および学生調査用の項目による自己報告との間に、代替可能性や整合性があるといえるような結果が得られなかったという点に関しては共通している。

これらのことから、複数の教員による評価をエキスパートの鑑識眼を通したものとして「何ができるか」のより妥当な指標とした場合、それと学生の自己評価および学生調査のような自己報告との間に、代替可能性や整合性があるといえるような関連は見出せなかった。よって、それぞれの指標は異なる学習成果の側面を捉えているとみなすべきであろう。また関連が見出せなかった原因として、学生の鑑識眼の未熟さ（自己評価能力の低さ）の影響や、同じ能力名であったとしても想起する内容が異なる可能性、学生の自己認識を通すことにより生じるバイアスの交絡の可能性が考えられる。

第4項　今後の課題と展望

本章の結果は、あくまで2つの科目を事例とした結果であることに加え、使用した評価手法は直接評価・間接評価ともに限定的なため、過度な一般化は控えるべきである。例えば間接評価に関して、当該の学習成果を一項目で捉えようとせず、その学習成果の様々な側面を捉えるための多くの項目によって尺度化した場合、一般に一項目の場合よりも信頼性と妥当性が高まると考えられるため、関連の様相は変化する可能性がある（ただしそのような場合、1つの学習成果に対して項目が多くなるため、複数の学習成果を簡便に指標化できるという間接評価の利点が希薄なものとなる）。

また、仮に本章で得られたような直接評価と間接評価の関連が弱いという結果が頑健であったとしても、「何ができると思っているか」それ自体を学習成果と捉え、それを測る目的であれば、学生調査のような自己報告による間接評価は妥当な指標となりえるだろう。さらに、松下（2017）や斎藤他（2015）が指摘するように、価値観、興味・関心、学習成果に至る学習行動などの学生自身の自己報告に依拠せざるを得ない場合も、間接評価は妥当な指標になりえるであろう。加えて、本章の事例は、新潟大学歯学部のディプロマ・ポリシーと直接関連する重要科目におけるパフォーマンス評価であるが、評価負担が大きいため、同学部の他の全ての科目で同様に実施する可能性は低いだろう。

松下（2017）はこのような背景から、直接評価を基本としつつ、間接評価を組み合わせて用いることが必要だと述べている。本章の結果は、直接評価を基本とする必要性を実証的に示していることに加え、間接評価を組み合わせる際には、それによって何を捉えることができるのか、何を捉えることに向いているのかを慎重に議論する必要性を示している。

なお、直接評価だからといってこの議論から免れるわけではない。先述のように、教育関連企業が開発した直接評価によって学習成果のうち、特に汎用性のある能力を捉えようとする動きもみられるが、例えばそれが主にビジネス・パーソンに求められる能力を捉えるようなものであるならば、個々の大学・学部のディプロマ・ポリシーに関わる学習成果として読み替えができるものなのか、やはり慎重な検討が必要であろう。

次に、共通のルーブリックを用いたとしても教員による評価と学生の自己評価が大きくズレることが明らかになった。それについては、Sadler (2010) が指摘するように、評価自体にも専門的技術が必要であることを考慮すれば、それが未熟だと考えられる学生の自己評価がエキスパートの教員による評価とズレることは自然なことといえよう。むしろ、このようなズレは、自己評価能力を涵養するためのきっかけとして活用できるのではないだろうか。ルーブリックの評価における教員と学生の自己評価のズレをフィードバックし、なぜズレたのかをリフレクションさせることで、教員の鑑識眼を共有するとともに、ルーブリックの記述語をもとにその後の学習課題をより明確にさせていくことが期待できる。

本章は初年次生や2年次生から得られた知見であるが、そのようなフィードバックとリフレクションを行うことで、年次が上がるにつれて学生の自己評価能力が高まり、教員による評価と学生の自己評価のズレが小さくなり、関連が強くなることも考えられる。また、その際には、直接評価と間接評価の関連の様相が変化するかもしれない。今後もこのような検討を重ね、直接評価を中心としつつ、様々な評価それぞれが担うべき役割や射程を明確にしていきたい。

まとめ

本章では、新潟大学歯学部における2種類のパフォーマンス評価を事例とし、教員による評価と学生の自己評価（ともに直接評価）と、学生の学生調査用アンケート項目への自己報告（間接評価）との関連を検討した。その結果、学生は自身の能力を高めに見積もる傾向にあることに加え、教員による評価と学生の自己評価および学生調査のような自己報告との間に、代替可能性や整合性があるといえるような関連は見出せなかった。その原因として、学生の自己評価能力の未熟さ、同じ能力名であったとしても想起する内容が異なる可能性、学生の自己認識を通すことにより生じるバイアスの交絡の可能性が考えられた。

そこから、教員による直接評価を基本としつつ、間接評価を組み合わせて用いる必要性を示すとともに、間接評価を組み合わせる際には、それによって何を捉えることができるのか、何を捉えることに向いているのかを慎重に議論する必要性を示した。この結果を受け、本研究で目的としている、高次の統合的な能力の変容に寄与する学習者要因を検討する際には、能力の指標としては直接評価であるパフォーマンス評価のうち教員による評価を用いることとする。

第3章
パフォーマンス評価における学生の自己評価の変容

第1節　質的評価におけるルーブリックの機能

第2節　学生を評価主体として育成するための
ルーブリックの活用

第3節　ルーブリックを活用した学生の振り返りの効果の検討

はじめに

前章までは、パフォーマンス評価の評価情報をルーブリックによって量的指標へと変換し、心理測定学的パラダイムに則って議論してきた。昨今の研究動向をみると、ルーブリックは複数評価者間の信頼性を担保したり、「客観的な評価」を主張したりするために用いられることが多い。しかし、もともとパフォーマンス評価やルーブリックは心理測定学的パラダイムを基盤としたものではなく、構成主義や状況論などを基盤としており、形成的評価によって教育改善・指導、学生の成長を促すことが主目的となる。第2章では、高次の統合的な能力に関する学生の自己評価能力を涵養する必要性を指摘したが、このような能力は、パフォーマンス評価の実践の中で涵養することはできないのだろうか。本章では、パフォーマンス評価におけるルーブリックの活用の方向性を提示することを目的とする。

第1節　質的評価におけるルーブリックの機能

第1項　ルーブリックの学びへの活用

昨今、アクティブラーニングの急速な普及とともに、パフォーマンス評価と評価基準表であるルーブリックに注目が集まっている。ルーブリックは複数の評価者間で評価の一貫性を確保するために行う調整作業(モデレーション)のツールとしての機能や、学習の質を量に変換するという機能をもつ(松下, 2012)。そのためルーブリックはパフォーマンス評価における複数評価者間の評価の信頼性を検討したり(例えば、松下他, 2013)、「公平で客観的かつ厳格な成績評価」を担保しようとしたりする試みなど(例えば、沖, 2014)で利用されている。

しかし松下(2012)が指摘するように、本来パフォーマンス評価やルーブリックは心理測定学的パラダイムではなく、構成主義や状況論などを基盤としており、形成的評価によって教育改善・指導、学生の成長を促すことが主目的となる。山田・森・毛利・岩崎・田中(2015)ではそのような観点から、ルーブリックを学びに活用するための知見を、多くの研究事例のレビューを通して提示している。そのような研究の中でも寺嶋・林(2006)は、学生が自ら学習やその評価を一体化させつつ、自己学習力を向上させる必要があるという問題意識から、ルーブリックを事前に学生に提示し、それをもとに学生自身に振り返らせるという実践を行っている。そしてその効果をアンケート調査から検討し、自分自身の課題や学習方法の重要性を認識させ、目標を意識化させる効果があることを明らかにしている。この研究はルーブリックを学びに活用し、特に学生の自己評価能力の向上を目指した研究として位置づけることができる。

第2項　自己評価能力への着目

田中(2008)によると、自己評価能力とは、学習者が自分で自分の人となりや学習の状態を評価し、それによって得た情報によって自分を確認し今後の学習や行動を調整する能力のことである。また、情報社会の進展と生涯学習社会の到来を背景として、生涯にわたり学習するための自己学習能力の形成が求められるようになってきており、自己学習能力は自己評価能力に裏打ちされない限り十全に機能しないため、その形成の重要性が問われていると述べている。

事実、昨今の教育改革のキー概念である「資質・能力」では複数のモデルが提案されているが、自己評価あるいはメタ認知はそれらのモデルに共通して見出すことができる。松下(2016)は国内外で議論されており影響力をもっている複数の「資質・能力」概念を①〈育成すべき資質・能力に包摂される個人の属性〉に着目したもの(3次元構造)と②〈資質・能力を育てる関係性〉に着目したもの(3軸構造)に整理し、どちらにおいても「省察性(reflectiveness)」(自らの学びについて省察的・メタ的であること)を求めていることを明らかにしている。なお、典型例として、①ではカリキュラム・リデザイン・センター(CCR)の4次元の教育(Fadel et al., 2015)、②ではOECD-DeSeCoのキー・コンピテンシー(Rychen & Salganik, 2003)が挙げられている。

そして、松下(2016)はこれらを統合的に捉える枠組みとして「3・3・1」モデルを提唱している。「1」に該当する省察性には、メタ学習(メタ認知と成長的マインドセットが含まれる)あるいは学ぶことの学習に加え、批判的なスタンス、差異・矛盾への対応などの意味合いも含まれている。これらを機能させるためには、先述の田中(2008)が指摘するように、自己評価能力の裏打ちが必要になるだろう。このように、現在の教育改革において自己評価能力の形成が求められていることがわかる。

また、そのような教育改革のもとで普及が進むアクティブラーニングにおいても、学習に対する自己評価とその結果に基づいた学習の自己調整が求められている(松下・石井, 2016)。例えば、須長(2010)はアクティブラーニングにおいて学習者は単に個別にそれぞれのセッションを実施するだけにとどまらず、全体の関係性の中で個々のセッションの意義づけを行うことが重要であり、そしてそのような全体調整には、一連のプロセスを完遂するための観察・遂行制御・反省などを行う自己調整が必要であることを指摘している。また、自己調整学習方略のリストには自己評価が含まれており(伊藤, 2012; Zimmerman, 2001)、主体的に学習を進める際に、適宜振り返って計画の遂行状況や理解度を自己評価できなければ、自分の力で学習を進めたり次の学習行動につなげたりすることはできないため、やはりアクティブラーニングにおいてその重要性を指摘できる(中山, 2013)。

このように、昨今の社会的要請や現在の教育改革を背景として、またそれのもとで普及が進むアクティブラーニングにおいても、学習の自己調整に関わる重要な概念として自己評価能力は注目されていることがわかる。

第2節　学生を評価主体として育成するためのルーブリックの活用

特に高等教育分野において、学生が自分の状態をもっともらしく把握できるのかどうかを実証的に検討したものとして、斎藤・小野・松下(2017)がある。そこでは、アカデミック・ライティング能力を共通のルーブリックを用いて、教員による評価と学生の自己評価から捉えたときに、学生の自己評価は教員による評価と比較してかなり甘めであり、さらにそれがほぼ無相関であったことを報告している。すなわち、共通の評価基準を用いたとしても、エキスパートの教員による評価とノービスの学生の自己評価は絶対的にも相対的にも大きくズレることを明らかにしている(第2章も参照されたい)。

なお、松下・小野・高橋(2013)では同様のパフォーマンス評価において、複数名の教員同士の評価による信頼性を一般化可能性理論によって検討し、一定の信頼性が得られていることを報告しているが、これをズレという観点からみると、エキスパート同士の評価であっても、やはりある程度のズレは生じることがわかる。しかし、斎藤他(2017)でみられたような顕著なズレではない。

つまり、ある教員による評価を、絶対的に正確な評価とみなす(心理測定学的にいえば、誤差が全く含まれておらず、真値と同じものとみなす)ことは危険ではあるが、それでもやはり、教員同士ではズレが小さく、教員と学生とではズレが顕著に大きいということから、教員による評価を、エキスパートの鑑識眼を通した、より妥当な評価として位置づけることができるだろう。そのように位置づけた場合、教員による評価とのズレが大きい学生は、自分の学習の状態をもっともらしく把握することができていない、ということになる。

特にこれは、高等教育において涵養が目指されている高次の統合的な能力を自己評価する際に重要になる。Sadler(2010)が指摘するように、複雑な能力の表れであり、標準化できないような成果物に対しては、様々な観点からその質を総体的に判断する必要がある。その際、「批評せよ」と「説明せよ」など、課題で指定されたタスク・コンプライアンスによって求められている回答が異なるということや、「一貫性」や「エレガントさ」といったルーブリックなどの基準で用いられている言葉の意味を理解して(あるいは評価者同士で共有して)いなければならない。つまり、高次の統合的な能力を評価するという行為には、タスク・コンプライアンス、基準、質といった概念とその相互関係の理解を前提とした専門的技術が必要である。山田・斎藤(2017)はそのような背景から、成績評定に関しては学生の評価を教員の解釈を通して限定的に使用する必要性を示しつつも、そのような評価に学生が参加することで、学生を評価主体として育てていく可能性を論じている。Sadler(2010)や山田・

斎藤(2017)の指摘は学生同士のピア評価という文脈でなされたものであるが、自己評価においても同様の指摘ができるだろう。

第3節　ルーブリックを活用した学生の振り返りの効果の検討

第1項　問題と目的

学生を評価主体として育成する際に、ルーブリックは強力なツールとして位置づけることができる。ある課題に対する成果物から、何かしらの能力を評価するために教員が作成したルーブリックは、その課題のタスク・コンプライアンスや質を判断する基準を明文化したものとなる。学生はそれをもとに自身の成果物から自身の能力を評価するという経験をすることで、どのような視点で質を判断するべきなのかを学ぶことができる。ルーブリックを事前に提示し、学生に自己評価させる実践を行った、先述の寺嶋・林(2006)の研究において、評価の視点に気を配ることや、自分の能力を客観的にみることに関してできていたとアンケートに回答する学生が多かったこともそれを支持している。ただし、教員による評価と学生の自己評価とのズレは検討していないため、本当に学生が適切な自己評価を行えていたかどうかは不明である。

また、斎藤他(2017)が示したように、ルーブリックを事前に提示したとしてもなお、教員と学生の評価には大きなズレが生じる。ここには、Sadler(2010)がいうタスク・コンプライアンス、基準、質といった概念とその相互関係の理解の程度が影響していると考えられる。言い換えれば、エキスパートとノービスの鑑識眼の違いがこのようなズレを引き起こしていると考えられる。また、能力の低い人が自身の能力を過剰に評価する傾向にあり、能力の高い人は逆の傾向にあるという認知バイアス(ダニング=クルーガー効果)の影響も考えられよう(Kruger & Dunning, 1999)。そこで、ただ自己評価をさせて「教員による評価とズレている」と認識させるだけはなく、「なぜ教員による評価とズレたのか」に関して意識的に振り返りをさせることで、学生は教員の鑑識眼との隔たりを認識するだけでなく、評価に関わる概念の理解を深め、それに伴って自己評価能力を高めることができるのではないだろうか。このようにルーブリックを、単に学習の質を量に変換するためのツールとして用いるのではなく、学生を評価主体として育成するために活用することは、形成的評価によって教育改善・指導、学生の成長を促すという本来的な目的に合致するものといえる。

以上のような問題意識から本章では、あるPBL科目における問題解決能力を評価するためのパフォーマンス評価を事例として、ルーブリックを用いて学生に自己評価させるだけではなく、学生の自己評価と教員による評価とのズレを学生に提示し、「なぜズレたのか」の振り返りを促す実践が、学生の自己評価にどのような影響を与えるのかを、ズレの度合いと振り返りの記述内容という量的・質的データの双方から検討することを目的とする。

第2項　方法

(1) 前期・後期にわたるPBL科目におけるパフォーマンス評価と自己評価の振り返り

本章において事例として取り上げるのは、新潟大学歯学部口腔生命福祉学科において2年次の前期・後期にわたり開講されているPBL科目群におけるパフォーマンス評価である。この科目は、学生自身が口腔に関わるテーマから問題を見出し、仮説を立て、学習課題を設定し、授業時間外で学習課題を調査・自習したり、学習課題に関連したセミナーで新たに得たりした知識をもとに問題解決に取り組むというものである。

ここでは、PBLにおける問題分析・問題解決能力、自己学習能力を評価するために考案された、「改良版トリプルジャンプ」というパフォーマンス評価を実施している。問題解決能力を評価するために用いられた課題とルーブリックは歯学と教育評価の専門家によって内容的妥当性、表面的妥当性が確認され、複数名の評価者間の評価の整合性の観点から信頼性が確認されている。詳細は小野・松下・斎藤(2014)を参照されたい。また、心理測定学的な検討は、第1章を参照のこと。

改良版トリプルジャンプは、PBLにおける学生の学習成果を評価するために開発された方法であり、以下の3つのステップからなる。ステップ1では、提示されたシナリオ（第1章参照）から問題をみつけだし、いったん既有知識で解決策を立案した上で、調べるべき学習課題を設定し、その過程をワークシートに記述する（60分間）。ステップ2では、学習課題を調査・学習し、その結果をもとに当初の解決策を検討して、最終的な解決策を提案し、その過程をワークシートに記述する（1週間）。最後のステップ3では、シナリオに基づく場面設定で、教員を相手にしたロールプレイによって、解決策の実行を実演する（15分間。ただし教員からのフィードバックを含む）。ワークシートによる筆記課題とロールプレイという実演課題を組み合わせ、2つの異なるタイプのルーブリック（ステップ1・2は様々な評価課題に対応できる一般的ルーブリック、ステップ3は課題特殊的ルーブリック）を用いたパフォーマンス評価である。

なお、ステップ1・2においてのみ、教員が使用するルーブリックを学生に事前に示し、自己評価をさせている。本章では教員による評価と学生の自己評価とのズレやその振り返りの内容を検討することを目的としているため、ステップ1・2の評価を検討対象とする。

(2) 自己評価とその振り返り

2014～2016年度において、改良版トリプルジャンプでは全て同じ課題・ルーブリックによって同じ手続きがとられている。ただし2015年度から、本章のような問題意識によって、学生に自己評価をさせるだけでなく、教員による評価とのズレに関して振り返りをさせる活動を新たに加えた。具体的には、ステップ1・2のルーブリック（6観点）と、各観点における教員による評価と学生の自己評価を同時に返却し、ルーブリックを参照しながら2つの評価のズレをすぐに確認できるようなプリントを作成した（**表3-1**）。そのプリントでは、教員による評価と自己評価をもとに、「現在の到達状況」「教員による評価と自己評価がズレた理由（ズレがない場合は書く必要はない）」「今後観点ごとの力やそれらを統合した問題解決能力をどうしたら伸ばすことができるかの考え」を自由記述によって回答を求めるようになっている。なお、プリントに記載されている教員による評価は、歯学を専門とする一人の教員によるものである。

表3－1　自己評価のリフレクションを促すためのプリント（抜粋）

ワークシートの評価基準						
観点	問題発見	解決策の着想	学習課題の設定	学習結果とリソース	解決策の検討	最終解決策の提案
観点の説明	シナリオの事実から問題を見いだす。	解決の目標を定め複数の解決策を立案する。	問題の解決に必要な学習課題を設定する。	信頼できるリソースから学習課題を調査する。	解決策の有効性や実行可能性を検討する。	問題に対して最終的な解決策を提案する。
レベル3	問題を見いだし、シナリオの事実から、推察しうる原因も含め、問題とした理由を述べている。	いくつかの解決策を立て、これまでの学習や経験とも結びつけて、解決策の立案過程を述べている。	学習課題を的確に設定し、解決策と学習課題の関連から必要性を述べている。	利用可能なさまざまなリソースを駆使し、信頼性に注意して、正しい内容を学習している。	いくつかの解決策を比較検討し、それぞれの有効性や実行可能性を考察している。同時に、解決策の限界にも思いをめぐらしている。	シナリオの状況に適した、妥当な最終解決策を提案している。解決策をより効果的に実行するために追加情報の必要性に気づいている。
レベル2	問題を見いだし、シナリオの事実から、問題とした理由を述べている。	いくつかの解決策を立つて、解決策の立案過程を述べている。	学習課題を設定し、解決策と学習課題の関連から必要性を述べているが、重要な学習課題が一部欠如している。	リソースの信頼性に注意して、おおむね正しい内容を学習している。	いくつかの解決策を比較検討し、それぞれの有効性や実行可能性を考察している。	シナリオの状況に適した、妥当な最終解決策を提案している。
レベル1	問題を見いだしているが、問題とした理由の説明は不十分である。	解決策を立てているが、立案過程の説明は不十分である、あるいは解決策が1つのみである。	学習課題が漠然としており、何を学ぶべきか焦点が絞られていない、あるいは必要性の説明が不十分である。	リソースの信頼性についての注意が不十分で、学習内容にいくつかの誤りが含まれている。	解決策の検討は不十分である、あるいは複数の解決策について比較検討していない。	最終解決策の提案にいたっていない、あるいは解決策、学習結果、結論の間に矛盾や飛躍がある。
レベル0	レベル1を満たさない場合はゼロを割り当てること。					

学生氏名：○○

教員評価結果	2	2	3	2	1	2
自己評価結果	1	1	3	1	3	1

上記の評価結果で、あなたの自己評価が教員評価と異なった理由を観点ごとに考えてください（評価結果にズレがない観点については書く必要はありません）。なお、教員評価の結果に納得がいかない場合は、自己評価結果の方が妥当とする理由を説明してください。

5：解決策は複数を比較などして十分に検討できていると思っていたが、今考えてみると、有効性や実行可能性をどのように言及したら「十分な検討」たりえるのかをよくわかっていなかった。特に「有効性」はどのような視点で検討したらよいのか、再考してみたい。

※ワークシートの評価基準は改良版トリプルジャンプ1・2の評価基準に該当する。また評価結果や記述内容は架空のものである。

まとめると、2014年度と2015・2016年度との間にはそのような振り返りの活動を行ったかどうかの違いがある。PBL科目は前期と後期に開講されており、改良版トリプルジャンプもそれぞれの期末に行われているため、①2014年度と2015・2016年度の前期と後期において教員による評価と学生の自己評価のズレがどのように変化したのかの量的な比較と、②2015・2016年度において前期と後期で振り返りの記述内容がどのように変化したのかの質的な比較が可能である。本章では特に、「教員による評価と自己評価がズレた理由」への記述内容に注目する。これらの比較を通して、このような活動が自己評価にどのような影響を与えるのかに関する示唆が得られると期待できる。

(3) 変数化の手続き

「問題発見」「解決策の着想」「学習課題の設定」「学習結果とリソース」「解決策の検討」「最終解決策の提案」の6つの観点からなるステップ1・2のルーブリック(表3-1)を用いて、教員1名による評価と、学生の自己評価を、レベルに応じて得点に換算した(0〜3点)。また、このルーブリックはPBLにおける統合的な問題解決能力を評価するためのものである。そのため、6観点の平均は「PBLにおける問題解決能力」と操作的に定義する。

そして、本章では教員による評価をエキスパートの鑑識眼を通したものとして、学生の能力を捉える際のより妥当なものとして位置づけ、そこから学生の自己評価を減じた差分をズレとする。そのように変数化したズレが前期と後期でどのように変容するのかを、振り返りがあった場合となかった場合とで比較することで、振り返りの影響を検討する。

なお、評価のズレの度合いを検討するために、ズレの絶対値やズレの分散をとってその変容を比較する手法も考えられる。しかしそのような手法では「評価の甘さ／辛さ」などの「どのようにズレるのか」の情報が損なわれてしまうため、本章では単純な差分を使用する。ただし差分のみの情報では、例えば全体のズレの平均値が0であったとしても、教員と学生の評価が完全に一致している場合と、甘めの評価や辛めの評価をする学生が混在しているためにそれらが相殺されている場合などがあり得るため、平均値のみで解釈することは危険である。そこで、全体としてズレがどのようになったのかを検討する場合には、全体のズレの平均に加えて、そのバラつきも併記し、考察の対象とする。

(4) 調査対象者および手続き

調査対象者は、2014〜2016年度においてPBL科目群を前期・後期に履修した2年次生60名（年度順に、18名、22名、20名）である。データの収集・使用にあたり新潟大学歯学部の倫理委員会の承認（承認番号26-R54-03-11）を得た上で、調査対象となる全ての学生から同意を得た。

第3項　結果と考察

(1) 前期から後期にかけての評価のズレの度合いの変容の比較

前期と後期の教員による評価と学生の自己評価の要約統計量を2014年度（振り返りなし）と2015・2016年度（振り返りあり）別に**表3-2**に示す。ズレの度合いの平均値が正の値であれば、教員による評価と比べ相対的に学生の自己評価が辛く、負の値であれば自己評価が甘いことになる。観点ごとに若干傾向は異なるが、おおむねどちらも前期から後期にかけて、ズレの度合いの平均値の絶対値は0に近づいている。ただし、標準偏差からみるバラつき具合は観点によって一貫した傾向はみられず、後期のほうが、バラつきが大きいものもある。「全観点平均」に関しては、2014年度（振り返りなし）と2015・2016年度（振り返りあり）のどちらもズレの度合いの平均値が前期から後期にかけて絶対値が0に近づいている。ただし2014年度（振り返りなし）後期は負の値を示しており学生の自己評価の方が相対的に甘く、2015・2016年度（振り返りあり）後期は正の値を示しており学生の自己評価のほうが相対的に辛いことがうかがえる。また、標準偏差は0.5付近であり、どちらも前期から後期にかけて顕著な変容はない。

これらを総合的に解釈すれば、全体としては前期は年度に関わらず、学生は教員による評価と比較して甘めに評価する学生が多かったことがうかがえ

表3－2　前期と後期の教員による評価と学生の自己評価の要約統計量

		2014年度（n=18）振り返りなし						2015・2016年度（n=42）振り返りあり					
		教員による評価		学生の自己評価		ズレの度合い		教員による評価		学生の自己評価		ズレの度合い	
観点	時期	平均値	SD	平均値	SD	平均値	SD	平均値	SD	平均値	SD	平均値	SD
問題発見	前期	1.83	0.62	2.06	0.42	-0.22	0.81	1.79	0.72	2.10	0.58	-0.32	0.93
	後期	1.50	0.51	2.00	0.34	-0.50	0.71	2.24	0.86	1.93	0.41	0.32	0.91
解決策の着想	前期	1.17	0.71	2.00	0.49	-0.83	0.79	1.52	0.59	1.98	0.57	-0.46	0.74
	後期	1.78	0.55	1.67	0.69	0.11	0.90	1.88	0.64	1.71	0.56	0.17	0.80
学習課題の設定	前期	1.33	0.49	1.94	0.64	-0.61	0.98	1.40	0.50	2.10	0.66	-0.71	0.84
	後期	2.00	0.84	1.78	0.43	0.22	0.81	2.20	0.78	1.51	0.60	0.68	0.88
学習結果とリソース	前期	1.56	0.62	2.11	0.32	-0.56	0.70	1.86	0.57	2.02	0.52	-0.15	0.73
	後期	2.22	0.65	1.88	0.33	0.41	0.62	2.22	0.61	1.85	0.61	0.37	0.54
解決策の検討	前期	1.06	0.64	1.78	0.43	-0.72	0.83	1.00	0.66	1.73	0.50	-0.71	0.75
	後期	0.67	0.77	1.50	0.51	-0.83	0.79	1.24	0.73	1.34	0.57	-0.10	0.89
最終解決策の提案	前期	1.72	0.67	2.06	0.42	-0.33	0.69	1.43	0.59	2.07	0.52	-0.63	0.62
	後期	1.61	0.61	1.82	0.53	-0.18	0.81	1.90	0.49	1.63	0.54	0.27	0.59
全観点平均	前期	1.44	0.45	1.99	0.23	-0.55	0.56	1.50	0.39	2.00	0.35	-0.50	0.43
	後期	1.63	0.41	1.78	0.31	-0.15	0.47	1.95	0.44	1.66	0.38	0.28	0.50

る。そして後期になるとズレの度合いの平均値が絶対値としてはどちらも0に近づいたが、ズレの度合いのバラつきは前期から後期にかけてほぼ変わっていないため、学生の自己評価が教員による評価と一致するようになったというわけではなく、教員よりも甘めに評価する学生と辛めに評価する学生が混在するようになったことがうかがえる。

次に、ズレの度合いが前期から後期にかけてどのように変容したのかに関して全体的な傾向を把握するため、「全観点平均（PBLにおける問題解決能力）のズレ」を従属変数、「振り返りなし／振り返りあり」の群（参加者間）、「前期／後期」の時期（参加者内）を独立変数として、2要因の分散分析（混合計画）を行った。また、そのグラフを**図3-1**に示す。その結果、群と時期の有意な交互作用効果がみられた（$F(1,56) = 5.45, p < .05, \eta_p^2 = .09$）。これは、前期から後期にかけてのズレの変容の様相が、群間で異なることを示している。

それがどのように異なるのかを検討するために、単純主効果の検定を行ったところ、後期における群間の単純主効果が有意であった（$t(112) = 3.26$, $p < .05$, $g = 1.3$）。これらの結果から、図3-1からもわかるように、振り返りあり群のほうが振り返りなし群と比較して、ズレの度合いが前期から後期にかけて顕著な変容を示しており、より学生の自己評価が相対的に辛くなるというものであった。ただし先述のように、それによって教員による評価と一致するようになったわけではない。つまり、振り返りによって後期の自己評価の際に慎重になり、教員よりも相対的に辛めに評価する学生が増え、前期とは逆向きのズレが生じていることが示唆される。

これらのことから、教員による評価をより妥当なものとした場合に、ルーブリックを活用した評価のズレに関する振り返りによって、学生の自己評価が相対的に辛めになる可能性が示唆された。上述のように、逆向きのズレを引き起こすことも考えられるため、自己評価が辛めになるということがすなわち自己評価能力が高まったということを主張することはできないだろう。

このような変容が自己評価能力の形成にどのような意味をもつのかは定かではないため、今回の結果から、振り返りが自己評価能力に対してポジティブな影響を与えたのか、ネガティブな影響を与えたのかを論じることは現時点では困難である。このように自己評価が辛めになるということが、長期的にみれば自己評価能力の形成に必要なのかもしれない。逆に、学生の自己効力感を過度に損なってしまったのかもしれない。では、このような自己評価

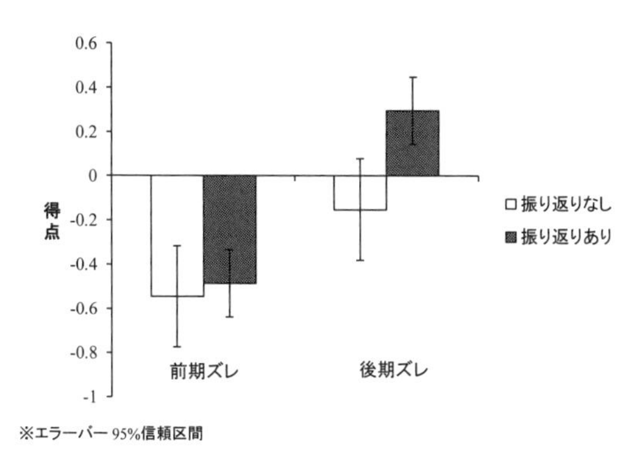

図3－1　PBLにおける問題解決能力のズレの比較

の変容がどのような意味をもつのだろうか。次に学生の振り返りの記述内容を分析することによって、以上のことに迫りたい。

(2) 前期から後期にかけての振り返りの記述内容の比較

2015・2016年度は、前期と後期の期末に、教員による評価と学生の自己評価のズレの振り返りの活動を行っている。この活動に参加した42名の学生の、ズレが生じた理由に関する振り返りの自由記述についてテキストマイニングを行い、前期と後期でどのような違いがみられるのかを検討した。自由記述の分析にはKH Coder(樋口, 2014)を使用した。

「教員による評価と自己評価がズレた理由」に対する自由記述の前期と後期の特徴語を**表3-3**に示す(表の数値はJaccardの類似性測度)。これら特徴語は単なる頻出語ではなく、データ全体に比してそれぞれの部において特に高い確率で出現している語であるため、前期と後期の記述を特徴づける語であるといえる(樋口, 2014)。これらの特徴語をキーワードとして、前期と後期それぞれでこのような言葉を用いている学生の代表的な記述例を示す。なお、その記述をした学生の特徴として、自己評価が教員による評価に比べ甘め/辛めだったかどうか、PBLにおける問題解決能力(教員)の得点が全体の平均に比べどうだったのかを付記する。

まず前期は、「不十分」「説明」「比較」など、課題で求められているものや、ルーブリックの記述語で使用されている言葉の意味に関する言及が目立った。例えば、「解決策の意味がよく分かっていなく、検討[見当]違いだったため」

表3－3　前期と後期の振り返りの記述内容の特徴語

前期		後期	
不十分	.346	内容	.273
説明	.275	理由	.255
比較	.245	原因	.250
調べる	.205	必要	.250
書く	.196	過程	.192

(学生A：自己評価甘め、平均以下)という、課題で求められているものの意味がよくわかっていなかったという記述がみられた。また、「問題発見については、理由の説明の量が不十分だったことが原因だった。解決策の着想については、立案過程を述べたつもりでいたが不十分だった」(学生B：自己評価甘め、平均程度)のように、どのくらい書いていれば「十分」なのかがわからず、ズレてしまったという記述があった。さらに、「解決策の検討については、“比較”をすることなく、情報をさらに集めただけだったため、“検討や比較”を行えていなかった」(学生C：自己評価甘め、平均以上)のように、「検討や比較」には何が求められているのかの認識が異なっていたことに気づく記述なども見受けられた。他にも「あまり比較していないと感じたが、考察する過程で思っていたより検討できていたためだと考えた」(学生D：自己評価辛め、平均以上)のように、「比較する」ということに関して教員よりも高めに水準を設定し、辛めに自己評価したという学生もいた。このような記述は特に、PBLにおける問題解決能力(教員)が平均よりも高い学生に散見された。このように前期におけるズレの振り返りの活動は、課題で求められているものや、ルーブリックの記述語の意味などに目を配るきっかけになっているようである。

それに対し、後期は「理由」や「原因」など、自分自身の成果物の内容面において何が足りなかったのか、足りていたのかを具体的に考察する記述が目立った。例えば、自己評価を甘めにした学生の記述として、「自分なりには説明できたつもりであった。しかし、見直してみると、内容はともかく、『～だから』というような、理由を表すような表現でかけていなかったことに気付いた。『～なはずがない』という言い方を並べても理由の説明にはならないので、書き方にも注意したい」(学生E：自己評価やや甘め、平均以上)のように、自分の成果物に立ち戻って、教員が求める水準を満たすためには具体的にどのように書くべきだったのかを考察している。

また前期において、課題で求められていることの認識のズレに言及していた学生Cは、「自分の中ではシナリオに出てきているキーワードをチェックし、それが関連するものをただ漠然と課題に設定し、断片的に調べてしまっていたのが原因だと思う…(中略)…検討の仕方を勘違いしていたことが一番の原因。自分が設定した学習課題と解決策の着想を見比べ、これで本当に問題は解決するのか、実行できる範囲で考え、限界にも思いめぐらす必要があった」(学生C:自己評価甘め、平均的)というように、なぜズレてしまったのか、またそれを解消するためには、あるいは次の学習ではどうしたら良いのかということにつながる言及をしている。

他方、自己評価を辛めにした学生の記述として多かったのは「問題発見については、自分が思っていたよりも詳しく問題とした理由が述べられていたからであると考える」(学生F:自己評価辛め、平均以上)というように、前期の学生Dのように、高めに水準を設定し、辛めに自己評価したというものである。前期と異なることは、PBLにおける問題解決能力(教員)が平均的〜平均より低い学生にも散見されるようになったということである。

そのような学生の記述の中には、「解決策の着想については、その解決策をたてた理由をうまく言葉にできなかった。そのため『1』という評価にしたが、解決しようと注目した観点は悪くなかったようだ。最終解決策の提案では、調査の量が膨大で、まとめるのが難しかった。そのため、詳しく説明すべきところで内容が薄くなってしまった。しかし、患者との信頼関係を築くポイントや治療にあたって説明する意義、歯科衛生士の役割など理解した上で患者とコニュニケーションがとれたという点では良かったと思う」(学生G:自己評価辛め、平均以下)のように、単に「思ったより良かった」というのではなく、不安になっていたものの、教員による評価から自己評価の修正を行い、また良かった点を把握しようとしている。

同様に、「自分がインターネットで得た情報が本当に正しいのか後々不安になってきて『2』をつけたが、ステップ3を実行してみて、その情報は間違っていなかったことが分かったので、評価がずれてしまった。最終解決策を行う上で必要な追加情報がうまく設定できなかったので、どこか間違っていると思い『1』をつけた。しかしそれは解決の目標の設定の仕方に問題があったことで、最終解決策は妥当なものだということが分かった」(学生H:自己評価辛め、平均的)のように、改良版トリプルジャンプのステップ1・2の時点では自信がなかったが、後のロールプレイであるステップ3をやりながらその自己評価が修正されていく過程を記述した学生もいた。

以上のような比較から、このような振り返りが、ルーブリックの記述語の意味や課題で求められているものに目を配るきっかけになっていることや、さらに次のステップとして、教員の評価と照らし合わせて、より具体的に自分の成果物をリフレクションし、次の学習に生きるような示唆を得ることを促していると考えられる。

ただし、全ての学生の記述がそのような変化をみせているわけではなく、後期の振り返りにおいても、感覚的に自己評価した旨の記述がみられた。逆に、前期の段階ですでに、ズレをもとに自身の成果物を再度客観的に分析している学生の記述もみられた。また、学生のサンプルサイズは小さく、記述量も多いものとはいえないため、確定的な結論は保留する必要がある。

しかし、テキストマイニングによって示されたように、全体的な傾向として前期から後期にかけて記述内容の特徴が変化したことから一定の示唆が得られるだろう。まず、前期はルーブリックの解釈に関する言及が目立っていたが、これはSadler (2010) がいうタスク・コンプライアンス、基準、質といった評価という技術に関わる概念の理解であるといえる。そしてそのような理解を学生が得た後の後期の評価では、ただルーブリックの記述語の解釈に言及するだけでなく、ズレに対してより分析的な考察ができている記述がみられるようになっている。このような傾向は、振り返りの活動を通して自己評価能力が向上したと解釈する根拠となりえるのではないだろうか。

また、先述の量的分析において、このような振り返りの活動によって、教員による評価を妥当なものとした場合、学生の自己評価がより辛めになるということを明らかにした。その原因として、前期の経験を通して、教員の判断に合わせるために水準を高めに設定し、辛めに自己評価するということが、平均的〜平均よりも低い能力の学生にもみられるようになっていることに起因していると解釈できる。ただし、そのような学生の中に、振り返りの中で教員による評価とのズレを認識し、さらに自己評価の修正を行い、自身の良かったところを認識するといった記述をしているものもみられた。

つまり、このような振り返りによって、後期がより辛めの自己評価になった背景には、前期に甘めにつけていたことを認識し、振り子のように後期は辛めにつけるようになったということが想定されるが、それをさらに振り返ることで、また自己評価の修正や調整を行っている様子がみてとれた。前期と後期の振り返りによって、繰り返し教員による評価とのズレを認識した彼らが、評価主体として次にどのような自己評価や振り返りをすることになるのか。今後も継続的な調査が必要になるだろう。

第4項　今後の課題と展望

本章は、ルーブリックを学びに活用し、評価主体として育成することを目的とした実践を事例として取り上げた。具体的には、問題解決能力を評価するためのパフォーマンス評価において、ルーブリックを活用し、学生に自己評価させるだけではなく、その評価と教員による評価とのズレを学生に提示し、「なぜズレたのか」の振り返りを促す実践を行い、複数の比較を通してこのような活動が学生の自己評価にどのような影響を与えるのかを検討した。その結果、ルーブリックの記述語の意味や課題で求められているものを意識するようになった。

また、自分の成果物に対して教員の評価と照らして次の学習へつながるような、より深い考察をするようになるという可能性を見出した。さらに、評価が相対的に辛くなる傾向を明らかにしたが、同様の振り返りを再び行うことで、さらなる自己評価の修正が促される可能性を見出した。これは、ルーブリックを学生の学びのために活用する1つの方向性になりえるだろう。

最後に、本章の限界と今後の課題を述べたい。先述のようにサンプルサイズが小さく、またあくまで特定の歯学系のPBLの科目におけるパフォーマンス評価における実践を事例としたものであるため、結果の再現性や一般化可能性には限界がある。他の評価や他の学問領域の事例の蓄積も肝要であろう。さらに、本章は半年間という比較的短い期間において、限定的な手法によって自己評価の変容を捉えようとしたものであることに留意しなければならない。今後、継続的な調査によって、再現性の確認や、このような振り返りが長期的にみて学生の自己評価能力の形成にどのような影響を与えたのか、慎重に検討していく必要があるだろう。

また、本章は教員による評価の数値のみをフィードバックし振り返りを促したものであるが、数値のみではなく、教員がなぜそのような評価をしたのかといったコメントのフィードバックによって、振り返りがより深まり、自己評価能力の形成に有効であると考えられ、そのような検討にも意義があろう。ただし、教員の評価負担を増やすことになるため、実行可能性との兼ね合いも考慮する必要がある。

なお、本章では教員による評価をより妥当なものとして扱い、そのズレから学生の自己評価の様相を捉えようとした。しかしそれは、教員による評価を絶対的に正確な評価とみなしていると意味するわけではないし、またそのようにみなすことはすでに述べたように危険であることに留意されたい。本章の実践ではそれを学生にも意識してもらうために、振り返りのプリントでは、教員による評価に納得いかなかった場合に、自己評価が妥当であることを説明するように求めている。何かしらの構成概念を変数化する際、どのような評価手法や測定ツールを用いたとしても、必ず誤差がつきまとう。特にズレや変容などを検討する際には、誤差の影響は顕著になる。当然、そのような誤差が本章の量的分析に影響を与えている可能性も考えられる。

まとめ

本章では、前章まででみえてきた、学生の自己評価能力の形成の必要性に着目し、パフォーマンス評価の実践の中でルーブリックを学生の学びに活用する方向性を提示することを目的とした。質的評価かつ直接評価であるパフォーマンス評価の形成的評価としての機能を重視し、ルーブリックを活用した介入によって、自己評価の変容に与える影響を検討した。PBLにおける問題解決能力を評価するためのパフォーマンス評価において、ルーブリックを活用し、学生に自己評価させたことに加え、自己評価と教員の評価のズレを学生に提示した。学生はズレをもとに振り返りの活動を行った。

質的評価から得られた質的データ、量的データを用いて、このような活動が学生の自己評価にどのような影響を与えるのかを検討した。その結果、学生はルーブリックの記述語の意味や、課題で求められているものをより強く意識するようになり、さらに評価が慎重になり辛くなることがわかった。また、教員の評価との差異から自分の課題をみつけだし、次の学習へつながるような、より深い考察をするようになるという可能性を見出した。このように、質的評価から得られる質的データ、量的データを活用しながら、質的評価としての機能を重視した上でルーブリックを学生の学びのために活用する1つの方向性を提示した。

このような活動により、自己評価能力が形成され、学生自身の現状への考察が深まるのであれば、本章でみられた学生の振り返りの例のように、自身の課題を再認識し、次にどのような学習をしたらより良いパフォーマンスができるようになるのかを自身で検討していくことが可能になると考えられる。

その際、自身の課題がみえたとしても、その課題を乗り越えるためにどのような学習をしたら良いのかがわからなければ、そこで伸び悩む学生もでてくるだろう。そのようなときに、どのような学習をしたらよいのかという一般的な傾向を示すことは、自身の学習を改善する有用なヒントになりえる。

高次の統合的な能力の醸成に一般的には有効だと考えられる学習プロセスがあるのならば、それを明らかにすることで、指導や学生の学習の改善に役立つ知見となるのは確かであろう。そこで次章では、本研究で検討対象としている高次の統合的な能力の変容にどのような学習者要因が寄与するのかを明らかにし、そのような能力の形成のための指導や学習の改善に対して有用な知見を得るための検討を行う。

第4章
高次の統合的な能力の変容に寄与する
学習者要因の検討
―直接評価と間接評価の統合―

はじめに

ここまで、本研究で検討対象としているパフォーマンス評価（ルーブリックを含む）を用いた直接評価は、高次の統合的な能力を捉えるために有用であり、また量的指標化しても統計的分析に耐えられる信頼性を担保していることを確認した。さらにこのような評価が、学生の学びのために活用できることを実証的に示してきた。加えて、高次の統合的な能力を捉える際には、学生の自己評価能力が未熟な場合には特に、間接評価や自己評価では代替できず、教員による直接評価が必要であることを示した。

しかし、間接評価は、学習成果を捉える手法としてだけでなく、学生の学習プロセスや学習経験といった、学習成果に関わる学習者側の要因を捉える際にも使用される。実際、学生の学習者要因を捉える際には、学生の自己報告に依拠せざるを得ない場合や、依拠したほうが適切に捉えることができる場合がある。だとすれば、学生の学習者要因を間接評価によって捉え、直接評価で捉えた高次の統合的な能力との関連を検討することで、そのような能力の形成に寄与する学習者要因を明らかにできるだろう。それにより、伸び悩む学生に対しての指導や、より効果的な授業デザインなどを議論する際に有用な知見を得ることができると考えられる。

本章では、直接評価と間接評価の互いの利点を活かして、そのような検討に必要な情報を収集し、それらを統合的に分析することで、目標としている能力の変容に学習プロセスがどのように寄与するのかを明らかにする。

第1節　直接評価と間接評価の統合の必要性

これまで確認してきたように、学習成果の評価には大きく分けて、直接評価と間接評価の2つがある。間接評価とは学生の自己認識の報告（何ができると思っているか）によって間接的に評価するものである。また間接評価は、学習成果のみならず、自己報告式アンケートなどで学習プロセスや学習経験などの学習者要因を評価する際にも使用される。例としては学生調査などが挙げられる。

日本の高等教育においては、山田(2012)をはじめ、大規模な学生調査、すなわち間接評価によって、学生の学習成果や成長、学習プロセスや学習経験、デモグラフィック情報などを捉え、それに大学教育がどのように資することができるのかという実証的な知見が積み重ねられてきた。間接評価は直接評価に比べ、大規模で実施することが容易であり、共通の指標を使いやすく、経年的変化も追いやすいという利点があるため、プログラムレベルの実証的研究やIRなどで多用されている。ただし山田(2012)は、学習成果を間接評価のみで捉えることは不十分であり、直接評価と組み合わせていく必要があると指摘している。しかし、第2章で確認したように、本研究では、特に高次の統合的な能力に関しては、学習成果を間接評価で捉えようとすることに対して明確に異議を唱える立場をとる。

松下・小野・斎藤・白川(2014)では、直接評価と間接評価のどちらか一方ということではなく、それぞれから得られた情報の統合に関する議論を行っている。例えば自己効力感のような心理的変数を学習成果として捉えたい場合や、学習方略などの学習プロセスを捉えたい場合は、そのような構成概念の表出を教員がみて直接的に評価するということは現実的に難しい。よって、捉えたい構成概念によっては、学生の自己報告、すなわち間接評価のほうが適している場合がある。他方、学生の自己認識を通しただけでは捉えにくいような学習成果であれば、直接評価を積極的に利用していく必要があり、コースレベルの調査においてもプログラムレベルの調査においてもそれぞれどのように直接評価と間接評価を統合していくことができるのかを議論している。

このように、直接評価と間接評価それぞれがどのような側面を捉えることに向いているのかを明確にし、それぞれ適した用途で用いてそれらの関連を分析していくことで、大学教育に資するより精緻化されたモデル構築が可能となるだろう。以後、本章においては、間接評価は特に学生の認識を通した学習プロセスや学習経験といった、学習成果との関連が考えられる学習者側の要因の評価に限定して用いることとする。

大学教育の文脈において、学習成果と学習者要因との関連を検討した包括的な研究としてRichardson, Abraham, & Bond（2012）がある。そこでは、累積的指標であるGPA（Grade Point Average）と、間接評価によって測定された心理的変数との関連をみた複数の研究の知見を、メタ分析によって統合することが試みられている。具体的には、大学GPAと高校GPAやACTスコアといった直接的指標と、人格的特徴、大学における学習への動機づけ、学習方略などの間接的指標がどのくらいの相関をもつのか。またそれぞれの変数を統制した場合に大学GPAに対してどのくらいの説明力をもつのかを検討し、高校GPAやACTスコアに次いで、自己効力感が大学GPAと強い関連をもつ心理的変数であることを見出している。非常に多くの研究を統合した包括的で有力な知見ではあるが、GPAは累積的指標であるため、それがどのような能力を反映しているのか、すなわち「何ができるのか」が判然としないという問題点がある。そのような状態では、ある能力を形成するために、このような指導や学習が有効である、といった議論が難しい。

そのような問題を解決するための1つの方向性として、GPAのように複数の評価情報が集約される以前の、個々の科目（コース）の学習成果に注目することが挙げられる。そのような学習成果であれば評価されている能力、言い換えれば測定されている構成概念が明確になる。そしてその科目における学習者要因との関連を分析し、コースレベルに関する知見を蓄積していくことで、コースレベルをこえた、プログラムレベルの教育に資するような情報を得ることも可能となるだろう。

特に、プログラムレベルの学習成果と密接に関連する科目であれば、その情報はコースレベルからプログラムレベルへの一般化がしやすくなるだろう。また、同じ学習成果に関して、1時点ではなく多時点の評価がなされていれば、その変容に寄与する要因を検討する上で比較的強いデザインとなる。

ただしそのためには、個々の授業における学習成果の直接評価の信頼性と妥当性が担保されている必要がある。そうでなければ、学習者要因との関連を分析しても、その再現可能性や一般化可能性が著しく低下してしまう。しかしながら、「学士力」で指摘されているような問題解決能力や論理的思考力といった高次の統合的な能力を、妥当性や信頼性を考慮した上で、適切に評価することは容易ではない。

しかし、本研究で検討対象としてきた新潟大学歯学部口腔生命福祉学科の「PBL科目」での改良版トリプルジャンプにおいて量的指標化した問題解決能力は、ステップ1・2、ステップ3の両方とも十分な信頼性が担保されていた(第1章参照)。また、このパフォーマンス評価(ルーブリックを含む)は、歯学と教育評価の専門家によって内容的妥当性、表面的妥当性が確認されている。

加えて、新潟大学歯学部口腔生命福祉学科では、このようなPBL科目が第2学年の前期と後期に開講されており、それぞれの期末に改良版トリプルジャンプを実施している。すなわち、PBLにおける問題解決能力は2回評価されており、前期末から後期末にかけてのPBLにおける問題解決能力の変容を捉えることが可能である。したがって、このPBLにおける問題解決能力の変容に対して、後期のPBL科目における学生の学習者要因がどのような影響を与えるかを検討することで、先述したような直接評価と間接評価を組み合わせ、学生への指導や効果的な授業デザインに有用な知見を得ることが可能となるだろう。

第2節　学習者要因を捉えるための間接評価の開発と試行調査

第1項　授業科目用学習質問紙の開発

そのような可能性を探るため、学生の学習者要因(学習への取り組み方や態度)を捉えるための間接評価として「授業科目用学習質問紙(Course Learning Questionnaire: CLQ)」を作成した。

CLQは大学生のある授業科目における学習への取り組み方や態度といった学習者要因を測定するために、先行研究を参考に作成された質問票である。Richardson et al. (2012) を参考に、多くの先行研究で用いられている学習方略や動機づけ、学習へのアプローチの尺度や、日本の高等教育研究において実績のある尺度から、コースレベルにおける学習者要因を捉えるための項目群をピックアップした。本章ではその中から、Pintrich, Smith, Garcia, & McKeachie (1991) による、動機づけを捉える構成概念である「内発的目標志向」

「外発的目標志向」、認知的方略を捉える構成概念である「リハーサル方略」「精緻化方略」「体制化方略」を測定するための項目を使用した(**表4-1**)。

これらはすでに信頼性・妥当性が検討されている尺度であるが(Pintrich et al., 1991, 1993)、必ずしも特定の科目(コース)に限定しているわけではなく、プログラム全体における学習者要因を測定する目的で作成されたものもある。本章の目的に合わせ、教示や項目内容を特定の科目に関して尋ねるものとなるように変更した。また、学生の負担や、授業時間内に回答してもらうことを考慮し、1つの構成概念につき4項目となるよう、項目を選別した。全体で5つの構成概念20項目からなり、「非常によくあてはまる(6点)」～「まったくあてはまらない(1点)」の6件法で回答を求めた。それぞれの構成概念に該当する項目の平均を尺度得点とした。

教示は「どのような授業でも構いませんので、あなたが今期履修している授業をひとつ思い浮かべてください。あなたのその授業での取り組み方や向き合い方についておうかがいします。授業の1回1回によって異なると思いますが、その授業では全体的にこの程度であった、という思いでお答えください」とした。

第2項　CLQの信頼性の検討

CLQによって測定した「内発的目標志向」「外発的目標志向」「リハーサル方略」「精緻化方略」「体制化方略」の信頼性を検討するため、試行調査を行った。CLQによる、回答者がそれぞれ独自に特定の科目を想定した場合の学習者要因の測定の信頼性の検討のため、京都府内の大学生31名を対象として2014年12月に、無記名の個人記入形式の質問紙を配布し実施した。実施にあたり、「この調査の回答内容はすべて統計的に処理され、個人の情報や回答内容が特定されたり、外部に漏れたりすることは一切ありません。また、一定の保管期間を過ぎた調査票は処分いたします」と教示し、倫理的配慮を行った。また再検査信頼性の検討のため上記の対象者の一部に、およそ1～2週間後に再びCLQを配布し実施した。

各尺度得点の平均値、標準偏差、α係数および再検査信頼性係数を**表4-2**

表4－1　分析に使用したCLQの項目

内発的目標志向：やりがいや好奇心などの理由で課題に参加する
・この授業では、新しいことを学べるように、一段階上へチャレンジさせてくれるような教材がよいと思っていた
・この授業では、たとえ難しくても、好奇心をくすぐるような教材がよいと思っていた
・この授業で自分にとって最も望ましいことは、可能な限り徹底的に内容を理解することだと思う
・この授業では、自分で課題を選べるときには、良い成績がとれるという保証がなくても自分にとって学びとなるような課題を選ぶようにしていた
外発的目標志向：成績や報酬、他者からの評価、競争などの理由で課題に参加する
・この授業で自分が求めていたことは、良い成績をとることだ
・最も重要なことは自分の成績の全体平均を上げることなので、この授業でも良い成績を取ることが主要な関心だった
・この授業ではできるなら他の学生よりも良い成績を取りたい
・家族、友達、就業先や他の人達に自分の能力を示すことが需要なので、この授業では良い成績をとりたい
リハーサル方略：反復によって知識を覚える
・この授業に関係する学習をするときは、教材の内容を何度も繰り返して覚えるようにしていた
・この授業に関係する学習をするときは、この授業のノートやテキストを何度も繰り返し読んでいた
・この授業での重要な概念が思い出せるように、キーワードを暗記していた
・この授業では重要な用語のリストを作り、そのリストを暗記していた
精緻化方略：言い換えたり要約したりすることで複数のソースの情報の連関をつくり統合する
・この授業に関係する学習をするときは、講義、文献、ディスカッションなど違ったソース（情報源）から情報を集めていた
・この授業の知識を、できる限り、他の授業の知識と関連づけようとしていた
・この授業に関係する資料を読んでいるときは、すでに知っていることとその資料を関連づけようとしていた
・この授業に関係する学習をするときは、文献から得た主要な知識や、授業で得た概念について、自分でまとめを作っていた
体制化方略：重要な概念をクラスタ化したり、概略を描いたりすることで情報を体系化する
・この授業に関係する学習をするときは、自分の考えを整理するために概略（アウトライン）を作っていた
・この授業に関係する学習をするときは、文献やノートなどを見直し、重要な知識・概念を見つけようとしていた
・この授業の教材を体系化するために、自分で簡単なグラフ・図・表などを作っていた
・この授業に関係する学習をするときは、ノートを見返して重要な概念の概略（アウトライン）を描くようにしていた

に示す。α係数は.77～.83の範囲であり、全体的に尺度に求められる一般的な信頼性係数の水準を満たしている。α係数は信頼性係数の中でも、同じ構成概念を測定する項目の一貫性と項目数を反映する指標である。よって、一貫性の観点から、これらの尺度は一般的に求められる信頼性の水準を満たしているといえる。一方、再検査信頼性係数は.79～.97であり、こちらも全体的に必要な水準を満たしている。再検査信頼性係数は2回の測定値の相関係数であり、安定性を反映する指標である。よって、安定性の観点からも、これらの尺度は一般的に求められる信頼性の水準を満たしているといえる。以上からCLQによる、学生がそれぞれ特定の科目を想定した場合の学習者要因の測定は十分な信頼性が担保されているとみなし、今後の新潟大学歯学部の実践の分析においても、同様の尺度化を行うこととする。

第3節　問題解決能力の変容に寄与する学習者要因の検討

第1項　問題と目的

以上から、本章の目的は次のように設定される。新潟大学歯学部口腔生命福祉学科の2年次生を対象としたPBL科目において、その科目を通した学生の問題解決能力の変容に、その科目における学習者要因がどのように影響を与えるのかを検討し、コースレベルにおける直接評価と間接評価の統合を試みる。

表4－2　CLQ試行調査の要約統計量と信頼性

	平均値	標準偏差（n=31）	α係数	再検査信頼性係数（n=11）
内発的目標志向	3.71	1.25	.83	.85
外発的目標志向	2.93	1.02	.77	.97
リハーサル方略	2.85	1.24	.77	.79
精緻化方略	3.05	1.21	.79	.91
体制化方略	2.55	1.14	.82	.81

第2項　調査対象者および手続き

(1) 調査対象者

調査対象者は、第1章と同様に、2013～2016年度においてPBL科目を履修した新潟大学歯学部口腔生命福祉学科の2年次生84名（年度順に、24名、18名、22名、20名）である。データの収集・使用にあたり、新潟大学歯学部の倫理委員会の承認（承認番号26-R54-03-11）を得た上で、調査対象となる全ての学生から同意を得た。

PBLにおける問題解決能力を評価するためのパフォーマンス評価は前期と後期の期末に2回、評価者3名で実施された。また、CLQは後期の改良版トリプルジャンプ実施と同時期に学生に配布し、回答を求めた。倫理的配慮として先述したものに加え、回答内容によって成績が変わったりするようなことはないということを教示した。

(2) 前期・後期におけるPBLにおける問題解決能力の変数化

改良版トリプルジャンプは、3つのステップからなるPBLで学んだ学生の学習成果を評価するために開発された方法である。具体的には、ステップ1で提示されたシナリオから問題をみつけだし、解決策を立案し、学習課題を設定し、その過程を60分間でワークシートに記述させる。ステップ2は学習課題を調査し学習するだけでなく、その結果をもとに解決策を検討し、最終的な解決策を提案するまでを含めて1週間とし、その過程もワークシートに記述させる。そしてステップ3においてシナリオの状況を再現して、教員を相手にロールプレイさせることにより、解決策の実行までを評価する。ワークシートによる筆記課題とロールプレイという実演課題を組み合わせ、2つの異なるタイプのルーブリック（ステップ1・2は様々な評価課題に対応できる一般的ルーブリック、ステップ3は課題特殊的ルーブリック）を用いたパフォーマンス評価である。ステップ3は、課題特殊的ルーブリックであるため、評価観点は同一であるが、シナリオに合わせて記述語が異なる（シナリオとルーブリックは第1章参照）。

ステップ1・2のルーブリックは6観点からなり、ワークシートの記述から、

PBLの問題解決能力における、解決策を提案するまでの能力を評価するためのものである。また、ステップ3のルーブリックは4観点からなり、ロールプレイにおいて解決策を実行する能力を評価するものである。全ての学生と観点に関して、当分野を専門とする3名の教員が、それぞれ「レベル3」から「レベル1」、「レベル1」に満たないものは「レベル0」の4段階で評価したものを、レベルに応じて得点化した。第1章の心理測定学的検討の結果、PBLにおける問題解決能力は、ステップ1・2とステップ3、それぞれで変数化することが支持された。もし、解決策を提案する能力と実行する能力との間で、学習者要因の寄与の仕方が異なるのであれば、学生に対して、きめ細やかな指導が可能になるだろう。

そこで本章においては、ステップ1・2の評価結果とステップ3の評価結果から、それぞれを変数化し、ステップ1・2を「PBLにおける問題解決能力（解決策の提案）」、ステップ3を「PBLにおける問題解決能力（解決策の実行）」として操作的に定義する。別々にどのような学習者要因が説明力をもつのかを検討し、PBLの問題解決において、解決策の提案と実行でどのような違いがみられるのかに関しても考察することとする。

(3) CLQによる後期における学習者要因の変数化

表4-1と同様の項目を用いた。ここでは後期における学習者要因が、前期から後期にかけてのPBLにおける問題解決能力の変容にどのような影響を与えるのかを検討することが目的であるため、後期の改良版トリプルジャンプ実施と同時期に学生に配布し、「あなたのこの授業での取り組み方や向き合い方についておうかがいします。場合によって異なると思いますが、この授業では全体的にこの程度であった、という思いでお答えください」という教示のもと、「非常によくあてはまる（6点）」〜「まったくあてはまらない（1点）」の6件法で回答を求めた。

(4) 分析方法

直接評価である「PBLにおける問題解決能力（解決策の提案）」「PBLにおけ

る問題解決能力(解決策の実行)」それぞれの前期から後期にかけての相対的な変容に対し、間接評価である学習者要因がどのように影響を与えるのかを検討するため、「後期のPBLにおける問題解決能力」を従属変数、「前期のPBLにおける問題解決能力」と5つの学習者要因を独立変数とする階層的重回帰分析を行う。これにより、「前期のPBLにおける問題解決能力」で「後期のPBLにおける問題解決能力」を予測した際の未説明の分散(=「PBLにおける問題解決能力」の相対的な変容)に対し、学習者要因全体がどの程度説明力をもつのか、またどの学習者要因が変容に影響を与えると考えられるのかを検討する。

第3項　結果と考察

(1) 要約統計量

「PBLにおける問題解決能力」と学習者要因の要約統計量を**表4-3**に示す。「PBLにおける問題解決能力」は、「解決策の提案」「解決策の実行」ともに、前期から後期にかけて上昇している。「解決策の提案」「解決策の実行」それぞれに対して、対応のあるt検定を行ったところ、順に$t(82)=9.78$, $p<.05$, $g=0.88$、$t(82)=3.95$, $p<.05$, $g=0.43$であり、両者とも前期から後期にかけて有意なポジティブな得点の変化がみられた。また、差の効果量に関して、「解決策の提案」は大きく、「解決策の実行」は中程度である。しかしながら先述したように、課題の難易度やルーブリックの違いなどの影響を受けている可能性もあり、この得点の変化が必ずしも学生の「PBLにおける問題解決能力」の変容を反映しているとは限らない。

次に、それぞれの変数の相関係数を**表4-4**に示す。後期の変数を中心にみていくと、「後期のPBLにおける問題解決能力(解決策の提案)」に関して、「後期のPBLにおける問題解決能力(解決策の実行)」とは中程度の正の相関関係を示している。また、動機づけの側面はほぼ無相関であり、認知的方略の側面は「リハーサル方略」「体制化方略」が有意な中程度の正の相関を示している。同様に、「後期のPBLにおける問題解決能力(解決策の実行)」に関して、動機づけの側面は「内発的目標志向」、認知的方略の側面は「体制化方略」が有意

表4－3　PBLにおける問題解決能力とCLQの要約統計量

変数名	平均値	*SD*	最小値	最大値
PBLにおける問題解決能力（解決策の提案）前期	1.36	0.41	0.50	2.56
PBLにおける問題解決能力（解決策の提案）後期	1.71	0.42	0.78	2.83
PBLにおける問題解決能力（解決策の実行）前期	1.25	1.17	0.50	2.33
PBLにおける問題解決能力（解決策の実行）後期	1.44	1.33	0.50	2.50
内発的目標志向	3.90	0.56	2.50	5.25
外発的目標志向	3.40	0.80	1.00	5.25
リハーサル方略	3.39	0.66	1.50	4.75
精緻化方略	3.96	0.68	2.50	6.00
体制化方略	3.60	0.74	1.75	5.75

な弱〜中程度の正の相関を示している。ただし、動機づけや認知的方略同士で、弱〜中程度の正の相関関係をもつものがいくつかあることが確認できる。よって、疑似相関などの可能性も考慮し、それぞれの影響を統制した場合の「後期のPBLにおける問題解決能力」との関連をみる必要がある。

また、「前期のPBLにおける問題解決能力」と「後期のPBLにおける問題解決能力」は、「解決策の提案」「解決策の実行」の順にr = .67, .51と有意な中〜強い正の相関を示している。分散説明率は順に45%、26%であり、これは「前期のPBLにおける問題解決能力」で説明できる成分である。しかし本章での検討対象は、前期から後期にかけての変容であるため、「前期のPBLにおける問題解決能力」では説明できない「後期のPBLにおける問題解決能力」の分散にこそ注目する必要がある。そこには測定上の誤差も混入していることも認めた上で、本章ではこの未説明の成分を前期から後期にかけての「PBLにおける問題解決能力の相対的な変容」と捉え、それに対して学習者要因である学習プロセスがどの程度説明力をもっているのかを検討する。

(2) PBLにおける問題解決能力（解決策の提案）の変容と学習者要因の影響の検討

「PBLにおける問題解決能力（解決策の提案）の相対的な変容」に対して学習者要因がどの程度説明力をもつのか、またそれぞれどのような影響を与える

表4－4　PBLにおける問題解決能力とCLQの相関係数

変数名	1	2	3	4	5	6	7	8
1　PBLにおける問題解決能力（解決策の提案）前期	-							
2　PBLにおける問題解決能力（解決策の提案）後期	.67*	-						
3　PBLにおける問題解決能力（解決策の実行）前期	.52*	.46*	-					
4　PBLにおける問題解決能力（解決策の実行）後期	.54*	.57*	.51*	-				
5　内発的目標志向	.14	.11	.07	.22*	-			
6　外発的目標志向	.22*	.20	.15	.14	.06	-		
7　リハーサル方略	.21	.32*	.12	.19	.29*	.28*	-	
8　精緻化方略	.17	.07	.01	.15	.62*	-.02	.11	-
9　体制化方略	.46*	.41*	.27*	.48*	.39*	.30*	.46*	.36*

$^{*}p < .05$

のかを検討するために、階層的重回帰分析を行った。従属変数を「後期のPBLにおける問題解決能力（解決策の提案）」とし、独立変数はステップ1として「前期のPBLにおける問題解決能力（解決策の提案）」、ステップ2として「内発的目標志向」「外発的目標志向」「リハーサル方略」「精緻化方略」「体制化方略」、また、認知的方略の交互作用も考慮し、ステップ3に認知的方略の交互作用項を投入した。各ステップの分散説明率とその増分、および各変数の標準偏回帰係数を**表4-5**に示す。

まず、ステップ1～3において分散説明率は全て有意であった（$R^2 = .45$, $F(1,81) = 65.58$, $p <.05$; $R^2 = .49$, $F(6,76) = 12.14$, $p <.05$; $R^2 = .52$, $F(9,73) = 8.88$, $p <.05$）。またステップ1からステップ2へ、分散説明率は4%（$\Delta R^2 = .04$, $\Delta F(5,76) = 1.25$, *n.s.*）、ステップ2からステップ3へ、分散説明率は3%上昇した（$\Delta R^2 = .03$, $\Delta F(3,73) = 1.69$, *n.s.*）。増分は全て非有意であるものの、「前期のPBLにおける問題解決能力（解決策の提案）」に学習者要因の5つの変数を独立変数として加えると、「後期のPBLにおける問題解決能力（解決策の提案）」の全分散に対して新たに4%説明できたことを示している。また交互作用項を加えると、「後期のPBLにおける問題解決能力（解決策の提案）」の全分散に対してさらに3%説明できたことを示している。分散説明率は独立変数の数

表4－5　PBLにおける問題解決能力（解決策の提案）を従属変数とする階層的重回帰分析の結果

変数名	ステップ1	ステップ2	ステップ3（最終的な結果）			
	標準偏回帰係数			95% CI下限	95% CI上限	VIF
PBLにおける問題解決能力（解決策の提案）前期	0.67 *	0.61 *	0.61 *	0.42	0.80	1.41
内発的目標志向		-0.02	-0.10	-0.33	0.13	2.09
外発的目標志向		-0.01	-0.01	-0.19	0.16	1.17
リハーサル方略		0.17 +	0.24 *	0.03	0.44	1.62
精緻化方略		-0.07	0.01	-0.23	0.25	2.14
体制化方略		0.09	0.12	-0.11	0.35	2.01
リハーサル方略×精緻化方略			-0.14	-0.33	0.05	1.41
リハーサル方略×体制化方略			0.16 +	-0.02	0.33	1.16
精緻化方略×体制化方略			-0.04	-0.23	0.14	1.34
R^2	.45 *	.49 *	.52 *			
自由度調整済みR^2	.44	.45	.46			
ΔR^2	-	.04	.03			

*$p < .05$, + $p < .10$

が増えると実質的な説明力の変化がなくても上昇する傾向にある。それを補正する自由度調整済みR^2値の増分は1%程度である。このような結果から、学習者要因としての動機づけや認知的方略は、「後期のPBLにおける問題解決能力（解決策の提案）」に対して、大きな説明力をもっていないことがわかる。

ただし、ステップ3の結果から、「後期のPBLにおける問題解決能力（解決策の提案）」に対して、「前期のPBLにおける問題解決能力（解決策の提案）」を統制してもなお、認知的方略の中でも「リハーサル方略」が有意な正の標準偏回帰係数を示した（$\beta = .24, t(73) = 2.32, p < .05$）。重回帰分析における標準偏回帰係数は、他の独立変数の影響を排除した（統制した）際の、ある独立変数の従属変数へのクリアな影響の度合いと解釈することが可能である。つまりこの結果から、前期のPBLにおける問題解決策を提案するパフォーマンスの出来に関わらず、反復によって知識を覚えるリハーサル方略は、後期のPBLにおける問題解決策を提案するパフォーマンスにポジティブな影響力を

もっていることが示唆された。PBLにおける問題解決能力という高次の統合的な能力に対して、このような反復によって記憶する方略が最も影響力をもっていたということは興味深い。こちらは、解決策の実行の結果と合わせて考察したい。

また有意傾向ではあるが、「リハーサル方略」と「体制化方略」の交互作用効果を示唆する結果が得られた（$\beta = .16, t(73) = 1.80, p < .10$）。ステップ2からステップ3への分散説明率の増分も有意ではないため、通常の統計学的検討において交互作用効果を強く主張できるものではないが、どのような交互作用効果が示唆されたのかを検討するため、単純傾斜分析を行った。Cohen, Cohen, West, & Aiken（2003）の手続きを参考に、「後期のPBLにおける問題解決能力（解決策の提案）」を従属変数とする重回帰方程式に、「リハーサル方略」と「体制化方略」の平均値±1SDの値をそれぞれ代入した。この結果を**図4-1**に示す。「リハーサル方略」が低い場合、「体制化方略」の高低に関わらず、「後期のPBLにおける問題解決能力（解決策の提案）」は変わらない。一方、「リハーサル方略」が高い場合、「体制化方略」が高いほど、「後期のPBLにおける問題解決能力（解決策の提案）」が高くなる傾向にあることが示唆された。単純傾斜分析の結果はいずれも非有意であり、そもそも交互作用効果としても小さいため、過剰な解釈は危険であるが、この結果は反復によって記憶しようとするリハーサル方略と、情報を体系化して整理する体制化方略の組み合わせ方によって、PBLにおける問題解決策を提案するパフォーマンスに違いがみられる可能性を示唆している。こちらも解決策の実行の結果と合わせて考察を試みたい。

(3) PBLにおける問題解決能力（解決策の実行）の変容と学習者要因の影響の検討

「PBLにおける問題解決能力（解決策の実行）」の相対的な変容に対して学習者要因がどの程度説明力をもつのか、またそれぞれどのような影響を与えるのかを検討するために、「解決策の提案」と同様のモデルで階層的重回帰分析を行った。従属変数を「後期のPBLにおける問題解決能力（解決策の実行）」とし、独立変数はステップ1として「前期のPBLにおける問題解決能力（解決

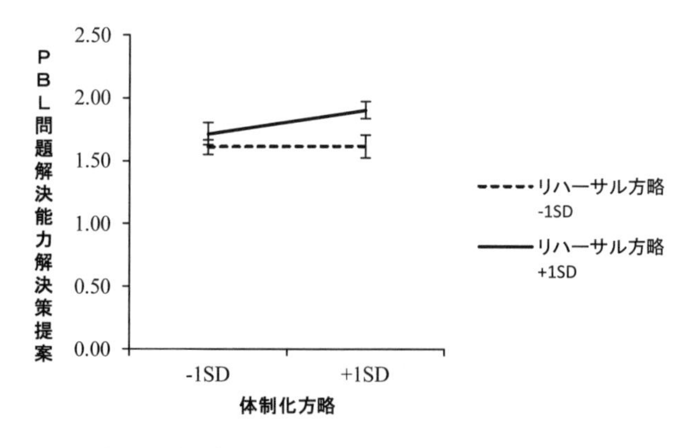

※エラーバーは標準誤差

図4－1　PBLにおける問題解決能力（解決策の提案）の「リハーサル方略×体制化方略」の単純傾斜

策の実行）」、ステップ2として「内発的目標志向」「外発的目標志向」「リハーサル方略」「精緻化方略」「体制化方略」、ステップ3に認知的方略の交互作用項を投入した。各ステップの分散説明率とその増分、および各変数の標準偏回帰係数を**表4-6**に示す。

まず、ステップ1～3において分散説明率は全て有意であった（$R^2 = .26, F(1,81) = 27.98, p < .05$；$R^2 = .36, F(6,76) = 8.08, p < .05$；$R^2 = .43, F(9,73) = 6.07, p < .05$）。またステップ1からステップ2へ、分散説明率は13%（$\Delta R^2 = .13$, $\Delta F(5,76) = 3.30, p < .05$）、ステップ2からステップ3へ、分散説明率は4%上昇した（$\Delta R^2 = .04$, $\Delta F(3,73) = 1.64$, *n.s.*）。「前期のPBLにおける問題解決能力（解決策の実行）」に学習者要因の5つの変数を独立変数として加えると、「後期のPBLにおける問題解決能力（解決策の実行）」の全分散に対して新たに13%説明できたことを示している。また交互作用項を加えると、「後期のPBLにおける問題解決能力（解決策の実行）」の全分散に対してさらに4%説明できたことを示している。自由度調整済みR^2値の増分をみても、学習者要因は「後期のPBLにおける問題解決能力（解決策の実行）」に対して、ある程度の説明力をもっていることがわかる。

変数別の影響力をみると、ステップ3の結果から、「後期のPBLにおける

表4－6　PBLにおける問題解決能力（解決策の実行）を従属変数とする階層的重回帰分析の結果

変数	ステップ1	ステップ2	ステップ3（最終的な結果）			
	標準偏回帰係数			95% CI下限	95% CI上限	VIF
PBLにおける問題解決能力（解決策の提案）前期	0.51 *	0.41 *	0.42 *	0.23	0.61	1.5
内発的目標志向		0.07	0.16	-0.10	0.41	2.09
外発的目標志向		-0.03	-0.03	-0.22	0.16	1.16
リハーサル方略		-0.04	-0.12	-0.35	0.10	1.61
精緻化方略		-0.03	-0.13	-0.38	0.13	2.13
体制化方略		0.38 *	0.42 *	0.18	0.65	1.78
リハーサル方略×精緻化方略			0.21 *	0.01	0.42	1.41
リハーサル方略×体制化方略			0.21	-0.17	0.22	1.18
精緻化方略×体制化方略			-0.05	-0.24	0.15	1.25
R^2		.26 *	.39 *	.43 *		
自由度調整済み R^2		.25	.34	.36		
ΔR^2			-	.13 *	.04	

*$p < .05$

問題解決能力（解決策の実行）」に対して、「前期のPBLにおける問題解決能力（解決策の実行）」を統制してもなお、認知的方略の中でも「体制化方略」が有意な正の標準偏回帰係数を示した（β = .38, $t(73)$ = 3.53, p <.05）。この結果から、前期のPBLにおける問題解決策を実行するパフォーマンスの出来に関わらず、情報を体系化して整理する体制化方略は、後期のPBLにおける問題解決策を実行するパフォーマンスにポジティブな影響力をもっていることが示唆された。

また、「リハーサル方略」と「精緻化方略」の交互作用効果が有意であった（β = .22, $t(73)$ = 2.04, p <.05）。ステップ2からステップ3への分散説明率の増分は有意ではないため、「解決策の提案」と同様に交互作用効果を強く主張できるものではないが、どのような交互作用効果が示唆されたのかを検討するため、単純傾斜分析を行った。その結果を**図4-2**に示す。「リハーサル方略」が低い場合、「精緻化方略」が高いほど、「後期のPBLにおける問題解決能力（解

決策の実行)」は低くなる傾向にある。一方、「リハーサル方略」が高い場合、「精緻化方略」が高いほど、「後期のPBLにおける問題解決能力(解決策の提案)」が緩やかに高くなる傾向にあることが示唆された。「解決策の提案」と同様に、単純傾斜分析の結果はいずれも非有意であった。しかし、やはり認知的方略の組み合わせによって、PBLにおける問題解決策を実行するパフォーマンスに違いがみられる可能性を示唆している。

以上の結果をまとめる。後期のPBLにおける問題解決能力を「解決策の提案」と「解決策の実行」の2つの側面から捉え、それぞれで動機づけと認知的方略からみた学習者要因が、前期のパフォーマンスの出来を統制してもなお、どのくらい説明力をもつのかを検討した。「解決策の提案」に関しては、緩やかではあるが、リハーサル方略を使用している学生ほど、パフォーマンスが良くなる傾向にあった。また、あくまで示唆する程度ではあるが、リハーサル方略をより多く使用し、かつ体制化方略をより多く使用している学生ほど、パフォーマンスが良くなる傾向にあった。一方、「解決策の実行」に関しては、体制化方略を使用している学生ほど、パフォーマンスが良くなる傾向にあった。また、こちらもあくまで示唆する程度ではあるが、リハーサル方略をあまり使用せず、かつ精緻化方略を多く使用する学生は、パフォーマ

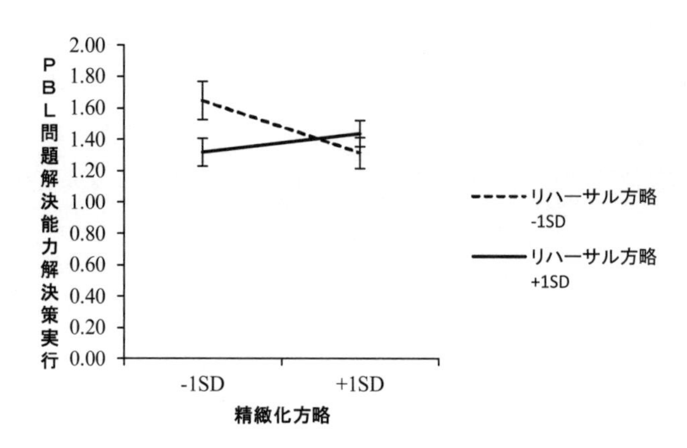

図4－2　PBLにおける問題解決能力(解決策の実行)の「リハーサル方略×精緻化方略」の単純傾斜

ンスが振るわなくなるという傾向にあった。これは、ただ知識を関連づけるのではなく、それをしっかり覚えておく必要があったということを示唆している。なお、動機づけに関してはどちらに関しても特に説明力をもっているという結果は見出せなかった。

一般に、反復して覚えようとする方略は、学習への浅いアプローチ的な（あるいは浅い処理の）方略に分類される。それに対して、情報を体系化して整理しようとする体制化方略や、複数の情報を関連づけようとする精緻化方略は、学習への深いアプローチ的な（あるいは深い処理の）方略に分類される。大学における学習成果に対しては、深いアプローチがポジティブな影響を与えることが多く、浅いアプローチはその逆であることが多い（Entiwitle, 2009）。GPAと学習者要因との関連をメタ分析したRichardson et al.（2012）によって報告された、複数の研究を統合した相関係数も、深いアプローチはGPAと弱い正の相関関係にあり、浅いアプローチは弱い負の相関関係にある。また、リハーサル方略と体制化方略はほぼ無相関であり（ただし、95%信頼区間の幅は広い）、精緻化方略は弱い正の相関関係になることを報告している。本章の結果はこれらと異なる傾向を見出しており、「解決策の提案」「解決策の実行」両者に対して、リハーサル方略がパフォーマンスをより良くする鍵となる認知的方略である可能性が見出された。

まず、「解決策の提案」に関して、リハーサル方略のポジティブな主効果がみられたことは、反復によって記憶しようとしていた学生は、そうでない学生を比較すると、相対的により良いパフォーマンスを発揮したことを示している。これは、幅広い専門知識が要求される医歯学系の学問領域の特徴と、今回検討対象としたPBL科目とパフォーマンス評価の特徴を反映しているためと解釈することが可能である。

序章および第1章で確認してきたように、検討対象のPBL科目は、他の科目と関連するように設計されており、さらにパフォーマンス課題は、それらと自身の学習の統合を要求するものである。この分野における問題解決のためには、幅広い専門知識の下支えの上で解決策を提案し実行する必要があり、その下支えをつくるためにリハーサル方略が有効であったという解釈が可能であろう。これは改訂版ブルーム・タキソノミーのように、「記憶する」という認知過程次元が「理解する」の前提となり、「理解する」は「応用する」の前提となるというような、低次の認知過程次元がより高次の認知過程次元の前提となるとする理論（石井, 2015b）とも整合的である。

しかし、学生たちはただ記憶するという浅いアプローチとしてリハーサル方略を使っていたのだろうか。そうではない可能性を、リハーサル方略と体制化方略の交互作用効果は示唆している。Entwistle（2009）によると、深いアプローチのリストには、必要であれば暗記学習を用いるということも含まれている。さらに、記憶することは理解の初期段階だけでなく、記憶の中に理解が定着していることを確認することにも役立つと述べている（Entwistle, 2009, p.45）。すなわち、分断された知識としてただ記憶するのではなく、体制化方略によって情報を整理して構造化して理解しようとする際、その構造が記憶の中に定着していることを確認するためにこのような方略を使用している可能性も考えられよう。

「解決策の提案」は、改良版トリプルジャンプのステップ1・2におけるワークシートの記述から、PBLにおける問題解決能力を捉えたものであるが、ステップ1では学生は、シナリオから問題をみつけだし、解決策を立案するといった過程を60分間で記述するように求められる。このような場面において、幅広い専門的知識を構造化して、それらを記憶している学生ほど、使用しなければならない知識の同定がしやすかったのではないだろうか。結果として、その場で適切な問題設定と解決策の立案ができ、その後の自身の探究に関しても、前期と比較してより良いパフォーマンスを発揮するようになったという可能性が考えられる。

一方「解決策の実行」、すなわちステップ3において学生は、歯科衛生士として、教員が演じる患者から、その場で情報収集したり解決策の内容修正をしたりして、柔軟に適切な解決策を実行することが求められる。こちらはワークシートとは異なり、状況に応じて、即座に特定の知識を活用することが必要だと考えられる。リハーサル方略に主効果がみられなかったことは、ただ記憶するだけではこのような状況には対応できないことを示唆している。体制化方略の主効果がみられたことは、知識を体系化して整理している学生ほど、必要な知識の同定がしやすく、適切に追加情報を収集するといった対応ができたのではないだろうか。

またリハーサル方略と精緻化方略の交互作用効果は、複数の情報を関連づけようとするだけではなく、そのような関連づけを記憶している学生ほど、より良いパフォーマンスを発揮するようになったことを示している。これは、関連づけられた知識がすぐに引き出せるような状態にあるため、その場の状況に応じて、即座に柔軟な対応をすることができたのではないだろうか。逆にいえば、精緻化方略によって多くの知識を関連づけていたとしても、それをすぐ引き出せるような状態になければ、対面での即時的な対応は難しかったのではないだろうか。

結果で述べたように、これらの認知的方略に大きな説明力があるわけではなく、解釈も仮説的なものである。しかし、特定の方略や方略の組み合わせを採っている学生が、そうでない学生と比較して、前期から後期にかけてより良いパフォーマンスを発揮する傾向が少なからずみられたことは、一考に値する。第3章でみたように、ルーブリックの活用によって、自身の課題を再認識した学生がいたが、その課題を乗り越えるためにどのような学習をしたら良いのかわからなければ、そこで伸び悩む学生もでてくるだろう。その際、あくまで一般的な傾向としてではあるという前提のもと、このような知見をもとに指導することで、学生が自身の学習を改善していくためのヒントになりえると考える。

第4項　今後の課題と展望

本章では、新潟大学歯学部口腔生命福祉学科の2年次生を対象としたPBL科目において、その授業を通した学生のPBLにおける問題解決能力の変容に、その科目における学習者要因がどのように影響を与えるのかを検討し、コース（科目）における直接評価と間接評価の統合を試みることを目的とした。どのような動機づけをもっていたのかや、どのような認知的な学習方略を使用したのかという学習者要因に関しては、学生自身の報告に頼らざるを得ない、あるいは頼ったほうが、適切な変数化ができる可能性が高い。そのため、あるコースにおける学習者要因を捉えるための間接評価であるCLQを開発し、試行調査を行ってその信頼性を一貫性と安定性の観点から検討した。その結果、十分に信頼性が担保されているといえるものであった。

次に、改良版トリプルジャンプによって量的指標化されたPBLにおける問題解決能力に関して、前期から後期の問題解決能力の変容を検討した。その際、ステップ1・2に対応する「解決策の提案」、ステップ3に対応する「解決策の実行」をそれぞれ変数化した。まず、絶対的なPBLにおける問題解決能力の変容を、対応のあるt検定で検討した結果、有意な得点の変化があることが明らかになった。つまり、前期から後期にかけて学生は平均的にポジティブな変容をしていたと考えることができる。ただし、これを前期から後期にかけての成長とするには、厳密には前期と後期の得点の等化が行われている必要があり、解釈には慎重になるべきだろう。しかしながら教育実践において、一つ一つのパフォーマンス評価の得点を等化させてこのような変容を検討することは現実的には難しい。したがって、限界をふまえた上で、このようなアプローチで能力の変容を捉えることに一定の意義を見出すことができよう。

次に、相関的なアプローチから相対的なPBLにおける問題解決能力の変容を捉え、それに対する学習者要因の影響を階層的重回帰分析により検討した。その結果、「解決策の提案」「解決策の実行」ともに、反復練習することによって知識を覚えようとする際に使用されるリハーサル方略がポジティブな変容の鍵となる可能性が示唆された。これはまず医歯学系の学問領域が、幅広い専門知識を必要とするものであることに起因すると考えられる。ただしこのリハーサル方略は、他の方略との交互作用を考慮すれば、浅いアプローチとしての暗記ではなく、深いアプローチの中で必要に応じて使用する暗記であると解釈できた。

「解決策の提案」（ステップ1・2）では、幅広い専門的知識を構造化して、その構造をリハーサル方略によって記憶している学生ほど、60分という限られた時間において、必要な知識をすぐに同定して引き出し、適切な問題発見や解決策の立案ができ、結果としてより良いパフォーマンスを発揮するようになったという可能性が考えられた。一方、「解決策の実行」(ステップ3)において学生は、複数の情報を関連づけようとするだけではなく、そのような関連づけをリハーサル方略によって記憶している学生ほど、関連づけられた知識がすぐに引き出せるような状態にあるため、ロールプレイにおいてその場の状況に応じて、即座に柔軟な対応をすることができ、より良いパフォーマンスを発揮するようになったという可能性が考えられた。

以上の議論から、PBLの学習のそれぞれのステップにおいて、伸び悩む学生がいた場合に、どのような方略が有用なのかを指導するための情報になりえる知見といえるだろう。特に、幅広い知識を覚えることに加えて、他の方略を適切に組み合わせて使用することが有効であることを学生に示し、またそのためにはどのような学習をしたら良いかというアドバイスをすることで、効果的な学習支援が行える可能性が考えられよう。ただし、PBLの問題解決能力に対する認知的方略の説明力はそこまで高くないことに加えて、交互作用に関しても一般化するほどの結果が得られたわけではない。学生の学習状況に合わせながら、動機づけや認知的方略以外の学習者要因にも気を配り、柔軟な指導をすることがやはり求められる。その意味で、簡便に学生の学習者要因を幅広く把握できる間接評価の有効性が主張できよう。

最後に限界と展望を述べたい。まず本章の知見は、医歯学系という学問領域と、新潟大学歯学部口腔生命福祉学科におけるPBLのカリキュラムや学習内容による影響を大きく受けていると考えられる。よって、他の学問領域への過度な一般化は避けなければならない。また、本章はあくまで、認知的方略の使用の度合いと、前期から後期にかけてのPBLにおける問題解決能力の変容の度合いとに有意な関連があったことを見出したのであり、それが他の学習者要因は必要ない、意味がないということを示すわけではない。例えば今回、「内発的目標志向」の平均値が高く、分散も小さいことから、多くの学生がこのPBL科目に内発的動機づけをもって関与していたことがわかる。仮に、内発的動機づけをもった学生がほとんどであるというような集団を検討対象にする場合、それが特定の能力の涵養に有効であったとしても、このような相関的なアプローチの分析ではその影響力が浮かび上がってこないと考えられる。つまり、有効な学習者要因が他にもあったのにも関わらず、方法論上の制約によりそれが見出だせなかった可能性も残されており、解釈には慎重にならなくてはならない。

最後に、サンプルサイズが小さいため推定結果が不安定である可能性や、教育的に意味のある効果があるのにも関わらず、検出力が低いためにそれが見出せなかった学習者要因がある可能性が残されている。

これらの課題を乗り越えるために、本章のように、同様のPBLの授業実践において評価され、量的指標化された問題解決能力(直接評価)と、学習者要因(間接評価)との関連を検討してその統計量を積み重ね、それらの知見をさらにメタ分析などの手法によって統合することで、PBLの授業実践において指導改善などに資するような一般的な知見が明らかにできるだろう。また、異なる実践における知見を比較することによって、分脈の影響などを詳らかにすることも可能となるだろう。これらを今後の検討課題としたい。

まとめ

本章では、新潟大学歯学部口腔生命福祉学科の2年次生を対象としたPBL科目において、その科目を通した学生のPBLにおける問題解決能力の変容に、その科目における学習者要因がどのように影響を与えるのかを検討し、コース(科目)における直接評価と間接評価の統合を試みることを目的とした。そのため、あるコースにおける学習者要因を捉えるための間接評価であるCLQを開発し、試行調査を行ってその信頼性を一貫性と安定性の観点から検討した。その結果、十分に信頼性が担保されているといえるものであった。

相関的なアプローチから相対的なPBLにおける問題解決能力の変容を捉え、それに対して、CLQによって捉えた学習者要因、特に動機づけと認知的方略の影響を検討した。その結果、特定の認知的方略やその組み合わせが、PBLにおける問題解決能力の変容にポジティブに寄与する可能性を見出した。特に、リハーサル方略がその鍵となっていることが示されたが、これは浅いアプローチとしての暗記ではなく、深いアプローチの中で必要に応じて使用される暗記であることが示唆された。単独でリハーサル方略を使用するのではなく、構造化された情報や精緻化された情報を、反復によって覚えるということの有効性が考えられる。

ただし、本章で検討した学習者要因は限られており、能力の変容に影響を与えている他の学習者要因の存在は否定できない。そのようなことを今後検討していくためには、簡便に学生の学習者要因を幅広く把握できる間接評価が有効だと考えられる。本章ではこのように、PBL という限られた文脈ではあるが、高次の統合的な能力の形成に関して寄与する学習者要因を明らかにしたことに加え、学生に対しての指導や授業デザインを議論する際に有用な知見を得るための、直接評価と間接評価の統合の方向性を示した。

終　章

第1節　4つの検討の流れ
第2節　結　論
第3節　本研究の限界と今後の課題

第1節　4つの検討の流れ

第1項　本研究の問題と目的

本研究では、新潟大学歯学部における2種類のパフォーマンス評価を検討対象として、大きく4つの検討を行ってきた。

その問題背景は以下のようにまとめられる。昨今の日本の高等教育では、機関・プログラムレベルの学習成果の可視化と分析に基づいて、教育改善や改革サイクルを検討することが求められている。そのような試みは積み重ねられてきたが、その際、学習成果の可視化で頻繁に使用されてきた評価は、量的評価の学生調査や標準テストである。しかし、これらの評価方法では、各大学や学部の文脈に沿った高次の統合的な能力を捉えることは困難だと考えられる。

そこで、本研究ではそのような能力を捉えることに適した代替的な評価として、質的評価にカテゴライズされるパフォーマンス評価やルーブリックの活用に着目した。ただし、質的評価は本来、形成的評価としての側面が強く、数値化や標準化を志向するものではない。これまで量的評価を中心に行われているような議論の俎上に載せることができるのかはわからない。

しかしそれができることが確認されれば、パフォーマンス評価から得られた得点をある能力の達成度合いとして示したり、学習成果の指標として用いたり、その能力に寄与する要因などを統計学的な分析によって検討することができるようになる。これまで、指導や学生の学習の改善、あるいは学習環境の整備、特定の教授方法の効果などの議論に資するために、学習成果に対して学習者要因、環境要因、デモグラフィック要因などがどのように寄与するのか、統計学的な分析によって検討する研究は国内外で数多く行われてきた。しかし、それらのほとんどは、高等教育で醸成するべき高次の統合的な能力を射程外にした評価である。特に日本の高等教育研究の場合は、そのような検討に用いられてきた学習成果の指標は、間接評価から得られたものの場合が多い。したがって、質的評価によって捉えた高次の統合的な能力を検討対象にすることで、寄与する要因やその度合いも異なり、新たな知見が得られる可能性がある。

また、本研究では間接評価によって学習成果を捉えようとすることには懐疑的な立場をとるが、間接評価は学習成果のみならず、学生の学習プロセスや背景情報を収集するためにも用いられる。上記のような検討を行う際に、学生がどのような動機づけをもっていたり学習方略を使用したりしているのかといった学習者要因に注目する場合、学生の自己報告に依拠することが妥当であり、間接評価は有用であると考えられる。

このような問題意識から、新潟大学歯学部における演習科目「大学学習法」のレポート評価と「PBL科目」の改良版トリプルジャンプという2種類のパフォーマンス評価の実践（2013～2016年度）を検討対象として取り上げた。そして、そこでのコースレベルの直接評価と間接評価を、それぞれの機能を損なわせずに活用しながら、得られた評価情報に対して統合的に分析を行い、高次の統合的な能力の形成に関する指導や学生の学習改善に活かすことのできる知見を得ることを目的とした。そのため、以下の4つの検討を行った。

①パフォーマンス評価（ルーブリックを含む）によって得られた量的指標は、信頼性を担保することができるのか、またそれらはどのような特性をもった評価といえるのかに関する心理測定学的検討。（第1章）

②パフォーマンス評価（直接評価）の評価結果と、学生調査（間接評価）の評価結果は果たして代替可能なのか、またパフォーマンス評価の教員による評価結果と学生の自己評価結果はどの程度ズレるのかに関する検討。（第2章）

③形成的評価としてのパフォーマンス評価の機能を強調し、ルーブリックを活用した教員の評価と自己評価とのズレを振り返る活動を取り入れた場合に、それが学生の自己評価能力に及ぼす効果に関する検討。（第3章）

④コースにおける学生の学習プロセスを捉えるための質問紙（間接評価）を開発した上で、そこから得られた情報とパフォーマンス評価（直接評価）から得られた情報を統合的に分析し、高次の統合的な能力の変容にどのような学習者要因が寄与するのかを明らかにするための検討。（第4章）

第2項　4つの検討の結果と考察

(1) 第1章　高次の統合的な能力を捉えるためのパフォーマンス評価の心理測定学的検討

本研究で検討対象とする新潟大学歯学部のパフォーマンス評価の実践は、同学部のディプロマ・ポリシーに対応する高次の統合的な能力を、パフォーマンス課題によって可視化し、ルーブリックによって分析の網目を通して捉えようとするものである。質的評価でありながら、ルーブリックが学生のパフォーマンスの質を量に変換する機能をもつため、量的評価において当該評価の信頼性などを明らかにする際、通常とられているような心理測定学的検討が可能である。心理測定学において、信頼性は妥当性の必要条件とされる。当該評価で指標化した変数の信頼性が低いことは、測定上の誤差が多く混入していることを示し、統計学的な検討において相関の希薄化といった問題が生じうる。また、妥当性への疑義も生じる。そこで、本研究で扱うパフォーマンス評価を量的指標化した場合に、その指標が統計学的分析に耐えうるものかどうかを検討する必要がある。

なお、本研究において事例とする2種類のパフォーマンス評価において、学生は複数名の評価者と、複数の評価観点からなる分析的ルーブリックによって評価されるため、通常の信頼性の検討方法とは異なる。そこで、学生×評価者×評価観点という3相データからなる場合に適合的である一般化可能性理論によって、信頼性を検討した。

その結果、2種類のパフォーマンス評価から得られた量的指標は、一部改良すべき点が見出せたものの、一般に要求されるような信頼性の基準を満たしていると判断できた。それぞれ具体的にみていくと、まず、「大学学習法」は初年次生を対象に、前期に開講されている科目である。期末に行われたレポート評価は、4名の教員が、6つの評価観点からなるルーブリックを用いて、「アカデミック・ライティング能力」を捉えようとするものである。分析の結果、1因子構造が妥当と判断された。信頼性に関しては、一般化可能性係数（得点の順位の一貫性）が0.69、信頼度係数（得点の絶対一致性）が0.61であった。本研究における統計学的検討では主に相関的なアプローチをとるため、一般化可能性係数が重要であり、こちらは許容できる値と判断した。信頼度係数は高いとはいえず、得点の絶対的一致性を問題にする場合には、まだ検討の余地が残っている。

「PBL科目」は複数学年で開講されているが、本研究では、口腔生命福祉学科2年次生を対象に、前期と後期に開講されているものを検討対象とした。ここでは、それぞれの期末に、改良版トリプルジャンプという評価が行われている。このパフォーマンス評価は、大きくステップ1・2（ワークシートで問題解決策の提案）とステップ3（ロールプレイによる問題解決策の実行）に分けられる。それぞれに関して、3名の教員が、ステップ1・2に対応する6つの評価観点からなるルーブリックと、ステップ3に対応する4つの評価観点からなるルーブリックを用いて、「PBLにおける問題解決能力」を捉えようとするものである。前期の評価結果に対して、ステップ1・2の評価結果とステップ3の評価結果を同時に分析したところ、2因子構造が妥当と判断された。ちょうど、ステップ1・2とステップ3に対応する評価観点で因子構造が分かれた。そこで、全ステップ10観点、ステップ1・2の6観点、ステップ3の4観点、それぞれの信頼性を検討した。前期の結果は、一般化可能性係数が0.79～0.82、信頼度係数が0.75～0.81であり、また後期の結果は、一般化可能性係数が0.79～0.83、信頼度係数が0.71～0.75であった。いずれも高い信頼性を担保していると判断できた。

レポート評価と改良版トリプルジャンプを比較すると、レポート評価は特に、評価の絶対的な一致性を担保することに関しては若干困難であることがわかった。評価観点別にみても、評価者間（教員）の評価の一致度はレポート評価のほうが全般的に低い。新潟大学歯学部のパフォーマンス評価は、教員間でキャリブレーションを行っており、それに加えて複数年度の実践の積み重ねのある教員が評価を担当しているため、単純に評価のトレーニングによって解決することではないだろう。また、改良版トリプルジャンプのステップ1・2はワークシートの記述をもとに評価しているにも関わらず評価の一致度が低くないことから、記述式や論述式だからという理由のみで評価が困難であるということでもないと考えられる。

このようにレポート評価については一部改良すべき点が見出されたものの、両評価とも一般に要求されるような信頼性の基準を満たしていると判断できた。よって、次章以降ではそのような量的指標を用いて、統計学的な分析を行っていくこととした。

(2) 第2章　学習成果の間接評価は教員による直接評価の代替たりえるか

昨今の日本の高等教育では、学習成果の直接的指標と間接的指標との関連が活発に議論されている。第1章において、新潟大学歯学部における2種類のパフォーマンス評価は、複数名の教員が複数の評価観点からなるルーブリックを用いて評価しており、それらは信頼性が一定程度担保されていることを示した。第2章では、これらのパフォーマンス評価と、学習成果の間接評価として日本で知られている学生調査用のアンケート項目を用いて、両者の関連性を統計学的な分析によって検討し、直接評価と間接評価の関連の議論に資することを目的とする研究を行った。またそれとともに、本研究の検討対象としているような高次の統合的な能力に関して、どの程度学生は自己評価できるのかを、教員による評価と学生の自己評価の関連をみることによって検討した。なお、「PBL科目」の改良版トリプルジャンプについては前期のステップ1・2の結果を使用した。

間接評価として用いたのは、大学教育学会の課題研究「学士課程教育における共通教育の質保証」サブテーマ3が開発した「新入生学習調査2014(JFLS2014)」のうち、汎用的な学習成果を測定するための20項目である。「現在身についている能力や知識」を、この科目に限らず問うものであった。

その結果、「大学学習法」のレポート評価によって量的指標化した教員による評価結果と自己評価結果とでは、自己評価結果のほうがかなり高くなる傾向にあった。そしてその相関係数はほぼ無相関であった。同様に、「PBL科目」の改良版トリプルジャンプによって量的指標化した、教員による評価結果と自己評価結果は、自己評価結果のほうがかなり高くなる傾向にあった。そしてその相関係数はほぼ無相関であった。ここから、教員による評価と学生の自己評価との間には大きな乖離がみられることが明らかとなった。

また、間接評価であるJFLS2014の20項目との関連を検討した。まずレポート評価に関して、教員による評価結果とJFLS2014の各項目は、ほぼ無相関～弱い（負の）相関であった。それに対し、学生の自己評価結果とJFLS2014の「分析や問題解決能力」「批判的に考える能力」「文章表現の能力」といったアカデミック・ライティングと直接関連すると考えられる項目との間には、小～中程度の正の相関関係がみられた。ただし、「リーダーシップの能力」「人間関係を構築する能力」「数理的な能力」といった、アカデミック・ライティングと直接関連すると考えにくい項目との間にも中程度の正の相関関係がみられた。

次に改良版トリプルジャンプに関して、教員による評価結果とJFLS2014の各項目は、ほぼ無相関～弱い相関であった。学生の自己評価結果とJFLS2014の各項目も同様に、ほぼ無相関～弱い相関であった。その中でも、改良版トリプルジャンプと同じ「問題解決能力」という言葉を用いているJFLS2014の「分析や問題解決能力」の項目との間でさえほぼ無相関であった。これは特筆すべき点であり、改良版トリプルジャンプによって捉えようとしている問題解決能力と、学生が学生調査用項目で「現在身についている問題解決能力」を問われたときに想起する問題解決能力との間に、内容的な隔たりがあることの証左と考えられる。

レポートの自己評価結果とJFLS2014との関連と、改良版トリプルジャンプの自己評価結果とJFLS2014との関連の違いは、JFLS2014が、特定の領域を想定しないという意味での「汎用的な」学習成果を捉えようとするものであることに起因していると解釈できる。レポート評価は、汎用的という点でJFLS2014と共通している。もし、「汎用的能力に対する自己効力感」というような第3の変数の存在を仮定すれば、学生自身が回答するJFLS2014の項目への回答とレポートの自己評価双方に正の影響を与えることが考えられ、それによる擬似相関が生じてもおかしくはないだろう。

他方、改良版トリプルジャンプの自己評価に、領域特殊の知識の獲得の程度など、領域特殊性が大きく反映されるのだとすれば、こちらには「汎用的能力に対する自己効力感」のような第3の変数の影響が小さく、結果として

JFLS2014との擬似相関もみられなかったという想定をすることが可能である。

以上のように、評価対象とする能力が異なれば、直接評価と間接評価の関連の強さも異なることが示唆された。ただし、レポート評価とPBLの評価(改良版トリプルジャンプ)において、教員による評価と、学生の自己評価および学生調査用の項目による自己報告との間に、代替可能性や整合性があるといえるような結果が得られなかったという点に関しては共通していた。これらのことから、複数の教員による評価をエキスパートの鑑識眼を通したものとして「何ができるか」のより妥当な指標とした場合、それと学生の自己評価および学生調査のような自己報告との間に、代替可能性や整合性があるといえるような関連は見出せなかった。よって、それぞれの指標は異なる学習成果の側面を捉えているとみなすべきだと考える。また関連が見出せなかった原因として、学生の鑑識眼の未熟さ(自己評価能力の低さ)の影響や、同じ能力名であったとしても想起する内容が異なる可能性、学生の自己認識を通すことにより生じるバイアスの交絡の可能性が考えられる。

そこから、教員による直接評価を基本としつつ、間接評価を組み合わせて用いる必要性を示すとともに、間接評価を組み合わせる際には、それによって何を捉えることができるのか、何を捉えることに向いているのかを慎重に議論する必要性を示した。また、高次の統合的な能力に関する学生の自己評価能力を涵養する必要性を指摘した。この結果を受け、本研究で目的としている、高次の統合的な能力の変容に寄与する学習者要因を検討する際には、能力の指標としては直接評価であるパフォーマンス評価のうち教員による評価を用いることとした。

(3) 第3章　パフォーマンス評価における学生の自己評価の変容

第1章・第2章では、パフォーマンス評価の評価情報をルーブリックによって量的指標へと変換し、心理測定学的パラダイムに則って議論してきた。昨今の研究動向をみると、ルーブリックは複数評価者間の信頼性を担保したり、「客観的な評価」を主張したりするために用いられることが多い。しかし、もともとパフォーマンス評価やルーブリックは心理測定学的パラダイムを基盤としたものではなく、構成主義や状況論などを基盤としており、形成的評価によって教育改善・指導、学生の成長を促すことが主目的となる。第2章では、高次の統合的な能力に関する学生の自己評価能力を涵養する必要性を指摘したが、このような能力は、パフォーマンス評価の実践の中で涵養することはできないのだろうか。そのような問題意識から、第3章では、パフォーマンス評価におけるルーブリックを活用した実践が、学生の自己評価能力の形成にどのような影響を与えるのかを検討することを目的とした。

新潟大学歯学部口腔生命福祉学科の「PBL科目」の改良版トリプルジャンプにおいて、「教員による評価とズレている」と認識させるだけではなく、「なぜ教員による評価とズレたのか」に関して意識的に振り返りをさせることで、学生は、教員の鑑識眼との隔たりを認識するだけでなく、評価に関わる概念の理解を深め、それに伴って自己評価能力を高めることができるのではないか。この仮説を検討することを目的として、学生の自己評価と教員による評価とのズレを学生に提示し、「なぜズレたのか」の振り返りを促す実践を行い、学生の自己評価にどのような影響を与えるのかを、ズレの度合いと振り返りの記述内容という量的・質的データの双方から検討した。

2014～2016年度において、改良版トリプルジャンプでは全て同じ課題・ルーブリックによって同じ手続きがとられている。ただし2015年度から、以上のような仮説によって、学生に自己評価をさせるだけでなく、教員による評価とのズレに関して振り返りをさせる活動を新たに加えた。具体的には、ステップ1・2のルーブリック(6観点)と、各観点における教員による評価と学生の自己評価を同時に返却し、ルーブリックを参照しながら2つの評価のズレをすぐに確認できるようなプリントを作成した。そのプリントでは、教員による評価と自己評価をもとに、「教員による評価と自己評価がズレた理由(ズレがない場合は書く必要はない)」などを自由記述によって回答させるようになっている。なお、プリントに記載されている教員による評価は、歯学を専門とする1人の教員によるものである。

2014年度と2015・2016年度との間にはそのような振り返りの活動を行っ

たかどうかの違いがある。PBL科目は前期と後期に開講されており、改良版トリプルジャンプもそれぞれの期末に行われているため、①2014年度と2015・2016年度の前期と後期において教員による評価と学生の自己評価のズレがどのように変化したのかの量的な比較と、②2015・2016年度において前期と後期で振り返りの記述内容がどのように変化したのかの質的な比較が可能である。ここでは特に、「教員による評価と自己評価がズレた理由」への記述内容に注目する。これらの比較を通して、このような活動が自己評価にどのような影響を与えるのかを明らかにした。

まず、教員による評価結果と自己評価結果のズレを得点化し、そのズレの度合いが前期と後期でどのように変容するのかを、2014年度と2015・2016年度とで比較した。その結果、ルーブリックを活用した評価のズレに関する振り返りによって、学生の自己評価が相対的に辛めになる可能性が示唆された。このような変容が自己評価能力の形成にどのような意味をもつのかは定かではないため、この結果のみで、振り返りが自己評価能力に対してポジティブな影響を与えたのか、ネガティブな影響を与えたのかを論じることは困難である。

そこで、2015・2016年度は、前期と後期の期末に、教員による評価と学生の自己評価のズレの振り返りの活動を行った。この活動に参加した学生の、ズレが生じた理由に関する振り返りの自由記述に関してテキストマイニングを行い、前期と後期でどのような違いがみられるのかを検討した。テキストマイニングの結果、全体的な傾向として、前期から後期にかけて記述内容の特徴が変化した。まず、前期はルーブリックの解釈に関する言及が目立っていたが、これはSadler (2010) がいうタスク・コンプライアンス、基準、質といった評価技術の概念理解に関わると考えられた。一方、後期の評価では、ただルーブリックの記述語の解釈に言及するだけでなく、ズレに対してより分析的な考察ができている記述がみられるようになった。このような傾向は、振り返りの活動を通して自己評価能力が向上したと解釈する根拠となりえると考えた。

さらに、学生の振り返りの記述の中で代表的なものを個別に検討した。その結果、自分の成果物に対して教員の評価と照らして次の学習へつながるような、より深い考察をするようになるという可能性を見出した。また、評価が相対的に辛くなる傾向を明らかにしたが、同様の振り返りを再び行うことで、さらなる自己評価の修正が促される可能性を見出した。これは、ルーブリックを学生の学びのために活用する1つの方向性になりえると考えられる。

このような活動により、自己評価能力が形成され、学生自身の現状への考察が深まるのであれば、本章でみられた学生の振り返りの例のように、自身の課題を再認識し、次にどのような学習をしたらより良いパフォーマンスができるようになるのかを自身で検討していくことが可能になると考えられる。その際、自身の課題がみえたとしても、その課題を乗り越えるためにどのような学習をしたら良いのかが分からなければ、そこで伸び悩む学生もでてくるだろう。

そのようなときに、どのような学習をしたらよいのかという一般的な傾向を示すことは、自身の学習を改善する有用なヒントになりえる。特定の高次の統合的な能力の醸成に一般的に有効だと考えられる学習プロセスがあるのならば、それを明らかにすることで、指導や学生の学習の改善に役立つ知見になると考える。

(4) 第4章　高次の統合的な能力の変容に寄与する学習者要因の検討

ここまで、本研究で検討対象としているパフォーマンス評価（ルーブリックを含む）を用いた直接評価は、高次の統合的な能力を捉えるために有用であり、また量的指標化しても統計的分析に耐えられる信頼性を担保していることを明らかにした。さらにこのような評価が、学生の学びのために活用できることを実証的に示してきた。加えて、高次の統合的な能力を捉える際には、学生の自己評価能力が未熟な場合には特に、間接評価や自己評価では代替できず、教員による直接評価が必要であることを示した。

しかし、間接評価は、学習成果を捉える手法としてだけでなく、学生の学習プロセスや学習経験といった、学習成果に関わる学習者側の要因を捉える際にも使用される。実際、学生の学習者要因を捉える際には、学生の自己報告に依拠せざるを得ない場合や、依拠したほうが適切に捉えることができる場合がある。だとすれば、学生の学習者要因を間接評価によって捉え、直接評価で捉えた高次の統合的な能力との関連を検討することで、そのような能力の形成に寄与する学習者要因を明らかにできるだろう。それにより、伸び悩む学生に対しての指導や、より効果的な授業デザインなどを議論する際に有用な知見を得ることができると考えられる。

第4章では、直接評価と間接評価の互いの利点を活かして、そのような検討に必要な情報を収集し、それらを統合的に分析することで、目標としている能力の変容に学習プロセスがどのように寄与するのかを明らかにすることを目的とした。検討対象としたのは、「PBL科目」である。2年次前期・後期の両方で、直接評価である改良版トリプルジャンプによって「PBLにおける問題解決能力」を評価しているため、前期から後期にかけての縦断的な検討が可能である。

まず、学生の学習者要因（ある授業科目における学習への取り組み方や態度）を捉えるための間接評価として、先行研究を参考に「授業科目用学習質問紙（Course Learning Questionnaire: CLQ）」を開発した。第4章ではその中から、「内発的目標志向」「外発的目標志向」「リハーサル方略」「精緻化方略」「体制化方略」を測定するための項目を使用した。

CLQによって測定した「内発的目標志向」「外発的目標志向」「リハーサル方略」「精緻化方略」「体制化方略」の信頼性を検討するため、試行調査を行った。その結果、α係数は.77～.83の範囲であり、全体的に尺度に求められる一般的な信頼性係数の水準を満たしていた。また、再検査信頼性係数は.79～.97であり、こちらも全体的に必要な水準を満たしていた。これらの結果から、一貫性・安定性の観点から、CLQの当該尺度は一般的に求められる信頼性の水準を満たしていると判断した。よって、「PBL科目」における学生の学習プロセスを変数化する際にも同様の尺度化を行うこととした。

第1章において、直接評価である改良版トリプルジャンプは、ステップ1・2（問題解決策の提案）とステップ3（問題解決策の実行）で別々に量的指標化することが可能であると述べた。それぞれに関して、前期から後期にかけての相対的な変容に対し、間接評価である学習者要因がどのように影響を与えるのかを検討するため、階層的重回帰分析を行った。

その結果、「解決策の提案」「解決策の実行」ともに、反復練習することによって知識を覚えようとする際に使用されるリハーサル方略がポジティブな変容の鍵となる可能性が示唆された。これは医歯学系の学問領域が、幅広い専門知識を必要とするものであることに起因すると考えられる。ただしこのリハーサル方略は、他の方略との交互作用を考慮すれば、浅いアプローチとしての暗記ではなく、深いアプローチの中で必要に応じて使用する暗記であると解釈できた。まず「解決策の提案」（ステップ1・2）では、幅広い専門的知識を構造化して、その構造をリハーサル方略によって記憶している学生ほど、60分という限られた時間において、必要な知識をすぐに同定して引き出し、適切な問題発見や解決策の立案ができ、結果としてより良いパフォーマンスを発揮するようになったという可能性が考えられた。一方、「解決策の実行」（ステップ3）において学生は、複数の情報を関連づけようとするだけではなく、そのような関連づけをリハーサル方略によって記憶している学生ほど、関連づけられた知識がすぐに引き出せるような状態にあるため、ロールプレイにおいてその場の状況に応じて、即座に柔軟な対応をすることができ、より良いパフォーマンスを発揮するようになったという可能性が考えられた。

以上のまとめから、本研究の成果は、①高次の統合的な能力を捉えるためのパフォーマンス評価を、質的評価としての機能を失うことなく、量的評価の議論の俎上に載せたこと、②直接評価と間接評価それぞれの役割を明確にし、両者を併用して統合的に分析することで、特定の高次の統合的な能力の形成に関する指導や学生の学習改善に活かすことのできる知見を得たことに集約できる。次節において、詳しく述べていきたい。

第2節　結　論

第1項　高次の統合的な能力を捉えるためのパフォーマンス評価―質的評価と量的評価の架橋―

第1章で示したように、本研究で検討対象とした新潟大学歯学部の2種類のパフォーマンス評価に対して心理測定学的検討を行った結果、これらは質的評価でありながら、一定の信頼性を担保していると判断できた。「PBL科目」における改良版トリプルジャンプは、十分な信頼性係数が得られた。また、「大学学習法」のレポート評価は満足とはいえないまでも、許容できる信頼性係数が得られた。ただし、先行研究と比較すると、レポート評価でも高めの値が得られている。この理由として、3～4名の複数名の評価者によって評価者の誤差が軽減されたこと、複数名の評価者がトレーニングを受けた上で、数年間同じパフォーマンス評価に携わっており評価者間の評価の整合性が高かったこと、教育評価の専門家がパフォーマンス評価の開発に携わり理論的な根拠を提供したこと、ルーブリックの観点の構成の一貫性が高かったこと、など複数の要因が考えられるだろう。

新潟大学歯学部では、ディプロマ・ポリシーにある問題解決能力／歯科臨床能力を身に付けることを重視しており、それに直接関連する重要科目でパフォーマンス評価を実施し、「学習としての評価」の機能を保ちながら、さらにそれを学習成果の可視化に利用する取り組みを進めている（小野, 2017）。本研究で事例として扱ったのは、それらのパフォーマンス評価の一部である。このように信頼性が担保されていることを示せば、学習成果の可視化などの議論の俎上に載せる際に、多くの大学教員や学外関係者も受け入れやすくなるだろう。当該評価がディプロマ・ポリシーと対応しているかどうかや教育内容を網羅しているかどうかと、信頼性があるかどうかは別の議論であるため、本研究から得た知見のみでこの評価がプログラムレベルの指標として用いることが適切かどうかを語ることはできない。しかし、少なくとも、「主観的評価で信頼性に疑問がある」という疑義には十分に応えることができるだろう。

ただし、これらのパフォーマンス評価の信頼性が担保されていたこと自体は、本研究の成果ではない。本研究では新潟大学歯学部の実践で得られた評価データを用いて、心理測定学的観点から信頼性の担保を挙証したに過ぎず、信頼性を高めることに貢献したわけではない。

しかし、本研究の心理測定学的な分析によって得られた知見から、評価者に対して、今後の評価を議論していく上で有用なフィードバックをすることが可能となる。例えば、観点間の「アカデミック・ライティング能力」レポート評価では「背景と問題」や「全体構成」という評価観点の評価者間の整合性や一致度が著しく低いことを明らかにした。このような評価観点を明らかにし、なぜ評価が一致しないのかなどを教員同士で議論するきっかけを提供することができよう。また、分析的ルーブリックの評価結果を量的指標化した際には、複数の評価観点の得点を合成したい場面もあろう。そのようなときに、どの評価観点の得点を合成すべきかといったヒントも、心理測定学的な検討は与えてくれる。

なお、心理測定学では項目反応理論と呼ばれる手法が用いられることも多く、それを用いることで上手く機能している評価観点やそうでない観点などを浮き彫りにすることもできる。また、各評価観点がどのようなレベルの学生の能力を捉えることに適しているのかなどを検討することもできる。斎藤(2016)ではそのような問題意識から、同じレポート評価を項目反応理論によって分析し、「対立意見の検討」のレベル1が測定上では上手く機能していないことなどを明らかにしている。

ただし、本研究で強調してきたように筆者は、それらを気にするあまり、パフォーマンス評価が本来の質的評価としての機能を失ってしまわないように留意するべきであるという立場をとる。例えば心理測定学では、ある1つの構成概念の測定を前提にして、その測定に貢献しない尺度項目を削除することがしばしばある。しかし、同様に「全体構成」が評価者間の誤差を大きくさせてしまっている評価観点であるとみなして削除するならば、それは質的評価の機能を削ぐことになる。

ルーブリックにおける評価観点は、質的評価では教育目標の具体化とみなされる(石井, 2015a)。それを、測定論上の都合でなくしてしまっては、質的評価の本来の機能を著しく減じるものとなるだろう。対応策として、もし教育目標に反しないのであれば、レポート作成後、学生自身にどこに何を書いたのか色分けなどをしてもらう、アウトラインをつくってもらうなどして、それを参考資料としながら、教員がレポートを評価するなどが有効だと考えられる。そうすることで、学生は自分自身で全体構成を気にすることができるようになるし、評価者は全体構成を把握しやすくなるだろう。

このように、心理測定学的な分析をふまえつつ、教育目標と齟齬がなく、かつ教員が評価しやすくなるような対策を考えることは、量的評価と質的評価を架橋する視点だといえるのではないだろうか。同様に、評価者間の整合性はあるが、評価観点間の内的整合性が低く合成することに適さない評価観点が見出されたような場合も、このような両者を架橋する視点から、評価者間の整合性が担保されているのであれば、無理に得点を合成したりせず、単純にそのまま1つの評価観点として扱えば良いと考える。

ただしこのような議論は、その評価結果をどのような目的に使用するかも考慮しなければならない。例えばハイステイクスな試験で複数名の評価者が主観的評価をする場合には、高い評価者間信頼性(あるいは合成得点としての高い信頼性)の担保が客観性・公平性の上でも重要であろう。逆にいえば、形成的評価、学習としての評価として複数名の教員が主観的評価をする場合には、その安定性、一貫性よりも、学生のパフォーマンスを複数名のエキスパートがその鑑識眼を通して多様な視点から分析し、いかに有用なフィードバックを返すのかが重要であろう。そのような場合、例え評価者間でズレがあったとしても、それが恣意的な評価から生じたものでなければ、学生が「この専門領域のこの立場からみればこのように解釈されうるし、別の立場からみればこのように解釈されうるのだ」ということを学ぶ機会となるのではないだろうか。

第1章以降の検討は、このような視点での架橋によってなし得たものである。質的評価の立場で開発されたパフォーマンス評価が、その機能をいたずらに削がれることなく、すなわち量的評価に絡めとられることなく、量的評価の議論の俎上に載せることができることを示した点が、本研究の1つ目の意義である。

第2項　直接評価と間接評価それぞれの役割と両者の統合

第2章では、高次の統合的な能力を捉えるためのパフォーマンス評価において、教員による評価と学生の自己評価（ともに直接評価）と、学生の学生調査用アンケート項目への自己報告（間接評価）との関連を検討した。その結果、学生は自身の能力を高めに見積もる傾向にあることに加え、教員による評価と学生の自己評価および学生調査のような自己報告との間に、代替可能性や整合性があるといえるような関連は見出せないことが明らかになった。これらは直接評価の独自の意義が強く主張できるエビデンスといえる。また、昨今の日本の高等教育における直接評価と間接評価の議論において、安易に代替可能性を主張することに疑義を呈するという点で重要な意味をもつ。

全く同じ評価基準を使ったとしても、教員による評価と学生の自己評価は絶対的にも相対的にも大きくズレていた。これは、少なくとも本研究で検討対象とした高次の統合的な能力に関して、教員の「できる」と学生の「できる」が全く異なっていることを意味する。そのような学生の学習成果の自己報告は、一体何を捉えたものであるのか。改めて検討していく必要があるだろう。

しかし、だからといって、学生に自己評価をさせることを否定するわけではない。ズレていることが分かれば、なぜズレているのかを考えることで、鑑識眼や自己評価能力を形成する契機となる。また、高次の統合的な能力が学生にとって自己評価しづらいものだとすれば、自身の状況を把握することにも困難が生じ、その後の学習の改善も難しくなると考えられる。

第3章において、ルーブリックがそのためのツールとして活用できることを実証的に明らかにした。ただし、ルーブリックが自己評価やメタ認知にポジティブな影響を与えるということはすでに指摘されている（Suskie, 2009）。本研究で強調したいことは、自己評価を単にフィードバックした場合と、フィードバックして教員とのズレを意識的に振り返らせる場合とで、学生の自己評価の様相が変化したということにある。本研究では、その様相の変化がポジティブなものかネガティブなものかを判断することには限界があった。また、この振り返りの活動でズレの度合いが減じたわけでもない。しかし、振り返りをさせた学生が、ルーブリックの記述語の解釈だけでなく、なぜズレたのかにも注意を払うようになったことは全体的な傾向としてみてとれた。少しずつ自身の状況を適切に把握できるようになれば、その後の学習課題を自分で見出し、学習の改善していくことに期待がもてる。

ただし、自己評価能力が形成され、それらのことが把握できたとしても、そのような能力を伸ばすためにどうしたらよいかということが分からなければ、やはり伸び悩む学生も出てくるだろう。そのため、一般的にはどのような学習をしていけば良いのかという情報は、ノービスの学生にとって重要な寄る辺となると考えられる。

そこで第4章では、そのような高次の統合的な能力の変容にどのような学習者要因が寄与するのかの一般的な傾向を検討した。本研究で検討対象とする高次の統合的な能力のうち、前期・後期の2回のパフォーマンス評価(直接評価)で捉えられており、その変容が検討できる「PBLにおける問題解決能力」を用いた。また学習者要因は、学生自身の報告に依拠することが適切だと判断し、それらを測定するための授業科目用学習質問紙としてCLQ(間接評価)を開発した。本研究ではその中でも、学習成果との関連の検討で頻繁に用いられてきた動機づけと認知的方略をピックアップし、関連を検討した。なお、このように直接評価と間接評価を併用し、統合的に分析するという手法は多く行われてきた。本研究のオリジナリティは、その直接評価が、質的評価によって捉えられた高次の統合的な能力であり、その変容が検討できる縦断的なデザインであるという点と、間接評価によって測定する学習者要因はそのコースに限定して捉えるものであるという点である。これにより、その高次の統合的な能力の変容に寄与する学習者要因があった場合に、なぜそれが有効なのか具体的に解釈でき、直接指導や学生の学習改善へと還元できる情報となる。

その結果、「PBLにおける問題解決能力」のような高次の統合的な能力の変容に対して、リハーサル方略が鍵となることが示唆された。暗記に関わる方略が、このような能力の変容に対して影響力をもっていたのは興味深い。ただし、交互作用効果も考慮すれば、単純に暗記すればよいということではなく、他の方略と掛け合わせることが必要である可能性を見出した。このように、直接評価と間接評価それぞれの役割を明確にし、両者を併用して統合的に分析することで、指導や学習の改善に有用だと考えられる知見を得たことが、本研究の2つ目の意義である。

第3節　本研究の限界と今後の課題

本研究では、複数の評価の役割を明確にし、それらを併用するという方法を採ってきた。しかし、タイプⅢのような標準テストに関しては検討できなかった。AP（大学教育再生加速プログラム）の動向をみてもわかるように、昨今では、教育関連企業の汎用的技能を測定するための標準テストが急速に普及してきている。一方、標準テストの中でも、国立教育政策研究所が主導しているTuningテスト問題バンクの取り組みは、複数の大学教員が問題作成に携わり、ある専門分野の汎用的な能力を捉えようとしている（深堀, 2017；斎藤, 2017）。それぞれの評価の役割の議論は、これらも含めて進めていく必要があるだろう。

さらに、序章で述べたように、1つのコースのみでは一般化できる範囲が非常に狭い。本研究で得られた知見も、同様のコースや評価に限定すべきであろう。ただし、レポート評価における教員による評価と、学生の自己評価、学生の自己報告の関連に関しては、検討対象としたコースが初年次教育のアカデミック・スキルを醸成するためのものであり、同様の実践を行っている大学も多いと予想され、評価した能力も汎用性が高いものである。よって、一般化の範囲を広めても差し支えないと考える。

本研究で扱った改良版トリプルジャンプのように、パフォーマンス評価の中でも真正性の高いものは、教員の評価負担が大きく、一般化が強くできるほどの大規模データを収集することは難しいと考えられる。しかし現在は、統計学的検討で得られた情報を統合するための手法が洗練されており、サンプルサイズが小さかったとしても適切に情報を蓄積していくことで、より一般化が可能な知見となるだろう。

当該大学・学部内の教員同士が意識を共有し、主要となる科目で、大学・学部で教育目標としている学習成果を、それを捉えるための適切な方法で評価する。そのようなコースレベルの情報を蓄積し、大学・学部内で共有する。コースレベルの情報であったとしても、それらを統合的に分析することによって、より広い学習成果を捉えつつも、個々のコースの傾向をこえた機関・プログラムレベルの傾向を捉えるということも非現実的ではなだろう。本研究がそのような動きの一助になれば幸いである。

参考文献

Anaya, G. (1999) College Impact on Student Learning: Comparing the Use of Self-Reported Gains, Standardized Test Scores, and College Grades. Research in Higher Education, 40(5), 499-526.

Astin, A.W. (1993) What Matters in College?: Four Critical Years Revisited. San Francisco: Jossey-Bass.

Banta, T. W., & Palomba, C. A. (2015) Assessment essentials: Planning, implementing, and improving assessment in higher education (2nd ed.). New York: John Wiley & Sons.

Barrows, H. S. (1998) The essentials of problembased learning. Journal of Dental Education,62, 630-633.

Benjamin, R., Chun, M., Hardison, C., Hong, E., Jackson, C., Kugelmass, H., Nemeth, A., & Shavelson, R. (2009) Returning to learning in an age of assessment: Introducing the rationale of the Collegiate Learning Assessment. (http://cae.org/images/uploads/pdf/03_Returning_to_Learning_in_the_Age_of_Assessment.pdf)

ベネッセｉキャリア (2016)「GPS-Academic」(https://www.benesse-i-career.co.jp/univ/assessment/pdf/gps_academic.pdf, 2017年10月25日閲覧)

Blake, J., Norman, GR., & Smith, EKM. (1995) Report card from McMaster: Student evaluation at a problem-based medical school. Lancet, 345, 899-902.

Bonwell, C. C ., & Eison, J. A . (1991) Active learning: Creating excitement in the classroom. ASHE-ERIC Higher Education Report No.l. (https://files.eric.ed.gov/fulltext/ED336049.pdf)

Brennan, R. L. (2000) Performance assessments from the perspective of generalizability theory. Applied Psychological Measurement, 24, 339-353.

中央教育審議会 (2008)『学士課程教育の構築に向けて』(答申)

中央教育審議会 (2012)『新たな未来を築くための大学教育の質的転換に向けて～生涯学び続け、主体的に考える力を育成する大学へ～』(答申)

中央教育審議会 (2014)『新しい時代にふさわしい高大接続の実現に向けた高等学校教育，大学教育，大学入学者選抜の一体的改革について』(答申)

Cohen, J., Cohen, P., West, S. G., & Aiken, L. S. (2003) Applied multiple regression/correlation analysis for the behavioral sciences (3rd ed.). Mahwah, NJ: Lawrence Erlbaum.

Cole, J. S., & Gonyea, R. M. (2010) Accuracy of self-reported SAT and ACT test scores: Implications for research. Research in Higher Education, 51(4), 305-319.

大学IRコンソーシアム (n.d.)『大学IRコンソーシアムとは』(http://www.irnw.jp/concept.html, 2017年12月25日閲覧)

大学審議会 (1998)「21世紀の大学像と今後の改革方策について一競争的環境の中で個性が輝く大学一」(答申)

Dumont, R. G., & Troelstrup, R. L. (1980) Exploring relationships between objective and subjective measures of instructional outcomes. Research in Higher Education, 12, 37-51.

Entwistle, N. (2009) Teaching for understanding at university. Basingstoke: Palgrave Macmillan. エントウィスル, N. (2010)『学生の理解を重視する大学授業』(山口栄一訳) 玉川大学出版.

Fadel, C., Bialik, M., & Trilling, B. (2015) Four-dimensional education: The competencies learners need to succeed. Boston, MA: The Center for Curriculum Redesign.

Freeman, S., Eddy, S. L., McDonough, M., Smith, M. K., Okoroafor, N., Jordt, H., & Wenderoth, M. P. (2014) Active learning increases student performance in science, engineering, and mathematics. Proceedings of the National Academy of Sciences, 111(23), 8410-8415.

藤木清 (2015)「第2章 教学マネジメントの確立 1. 関西国際大学」平成24年度文部科学省大学間連携共同教育推進事業『主体的な学びのための教学マネジメントシステムの構築』(http://renkei.kuins.ac.jp/pdf/houkoku/report_fullpage.pdf., 2017年12月25日閲覧)

深堀聰子 (2017)「エンジニアリング教育の達成度評価〜テスト問題バンクの取り組み〜 第1回: 連載にあたって：テスト問題バンクの活動について」『日本機械学会誌』120(1178), 38-39.

伏木田稚子・北村智・山内祐平 (2014)「学部ゼミナールの授業構成が学生の汎用的技能の成長実感に与える影響」『日本教育工学会論文誌』37(4), 419-433.

Gipps, C.V. (1994) Beyond testing: Toward a theory of educational assessment. London: Falmer Press. ギップス, C.V. (2001)『新しい評価を求めて―テスト教育の終焉―』(鈴木秀幸訳) 論創社.

南風原朝和 (2011)『臨床心理学をまなぶ7 量的研究法』東京大学出版会.

濱名篤 (2012)『ルーブリックを活用したアセスメント』(http://www.mext.go.jp/b_menu/shingi/chukyo/chukyo3/047/siryo/__icsFiles/afieldfile/2012/12/07/1328509_05.pdf, 2017年12月25日閲覧)

Hart, D. (1994) Authentic assessment: A handbook for educators. Menlo Park, CA: Addison-Wesley. ハート, D. (2012)『パフォーマンス評価入門―「真正の評価」論からの提案―』(田中耕治監訳) ミネルヴァ書房.

Hattie, J. (2008) Visible learning: A synthesis of over 800 meta-analyses relating to achievement. Routledge.

樋口耕一 (2014)『社会調査のための計量テキスト分析―内容分析の継承と発展を目指して―』ナカニシヤ出版.

平井洋子 (2006)「パフォーマンス・アセスメントによる高次思考能力の測定の研究」H14-H16科学研究費成果報告書 (課題番号14510158, 基盤(C)(2), 研究代表者 平井洋子)

平井洋子 (2007)「主観的評定における評定基準, 評定者数, 課題数の効果について: 一般化可能性理論による定量的研究」『人文学報』380, 25-64.
堀啓造 (2005)「因子分析における因子数決定法-平行分析を中心にして」『香川大学経済論叢』77(4), 35-70.
市川伸一 (1995)『学習と教育の心理学（現代心理学入門３）』岩波書店.
石井英真 (2015a)『今求められる学力と学びとは―コンピテンシー・ベースのカリキュラムの光と影』日本標準.
石井英真 (2015b)『増補版・現代アメリカにおける学力形成論の展開 ―スタンダードに基づくカリキュラムの設計―』東信堂.
石井英真 (2015c)「教育実践の論理から『エビデンスに基づく教育』を問い直すー教育の標準化・市場化の中でー」『教育学研究』82(2), 216-228.
Kruger, J., & Dunning, D. (1999) Unskilled and unaware of it: how difficulties in recognizing one's own incompetence lead to inflated self-assessments. Journal of personality and social psychology, 77(6), 1121-1134.
Kuh, G. D., Jankowski, N., Ikenberry, S. O., & Kinzie, J. (2014) Knowing what students know and can do：The current state of student learning outcomes assessment in U.S. colleges and universities. National Institute for Learning Outcomes Assessment. (http://www.learningoutcomeassessment.org/documents/2013%20Abridged%20Survey%20Report%20Final.pdf)
松下佳代 (2010)「〈新しい能力〉概念と教育―その背景と系譜―」松下佳代（編著）『〈新しい能力〉は教育を変えるか―学力・リテラシー・コンピテンシー―』ミネルヴァ書房, 1-42.
松下佳代 (2012)「パフォーマンス評価による学習の質の評価―学習評価の構図の分析にもとづいて―」『京都大学高等教育研究』18, 75-114.
松下佳代 (2016)「アクティブラーニングをどう評価するか」松下佳代・石井英真 (編)『アクティブラーニングの評価』東信堂, 3-25.
松下佳代 (2017)「学習成果とその可視化 (特集 高等教育研究のニューフロンティア)」『高等教育研究』20, 93-112.
松下佳代・石井英真編 (2016)『アクティブラーニングの評価』東信堂.
松下佳代・京都大学高等教育研究開発推進センター編著 (2015)『ディープ・アクティブラーニング―大学授業を深化させるために』勁草書房.
松下佳代・小野和宏・斎藤有吾・白川優治 (2014)「学士課程教育における共通教育の質保証―直接評価と間接評価の開発と統合について―」『大学教育学会誌』36(2), 17-21.
松下佳代・小野和宏・高橋雄介 (2013)「レポート評価におけるルーブリックの開発とその信頼性の検討」『大学教育学会誌』35(1), 107-115.
Messick, S. (1994) The interplay of evidence and consequences in the validation of performance assessments. Educational Researcher, 23, 13-23.
Messick, S. (1995) Validity of psychological assessment: Validation of inferences from persons' responses and performances as scientific inquiry into score meaning.

American psychologist, 50(9), 741-749.
宮本淳・徳井美智代・山田邦雅・細川敏幸 (2016)「授業経験の質の差異が学生の学習態度・能力の自己評価に与える影響: 2012-2014 年学生調査の分析結果より」『高等教育ジャーナル：高等教育と生涯学習』23, 79-85.
溝上慎一 (2009)「『大学生活の過ごし方』から見た学生の学びと成長の検討—正課・正課外のバランスのとれた活動が高い成長を示す—」『京都大学高等教育研究』15, 107-118.
溝上慎一 (2014)『アクティブラーニングと教授学習パラダイムの転換』東信堂.
文部科学省 (2014)「平成26年度『大学教育再生加速プログラム』の選定状況について」(http://www.mext.go.jp/component/a_menu/education/detail/__icsFiles/afieldfile/2014/08/20/1350949_1.pdf, 2017年12月25日閲覧)
文部科学省 (2017)「平成27年度の大学における教育内容等の改革状況について」(http://www.mext.go.jp/a_menu/koutou/daigaku/04052801/__icsFiles/afieldfile/2017/12/13/1398426_1.pdf, 2017年12月25日閲覧)
森利枝 (2012)「アメリカにおける学習成果重視政策議論のインパクト」深堀聰子 (編)『学習成果アセスメントのインパクトに関する総合的研究 (国立教育政策研究所プロジェクト研究　研究成果報告書)』106-117.
村井潤一郎編 (2012)『心理学研究法: Progress & application』サイエンス社.
村山航 (2012)「妥当性概念の歴史的変遷と心理測定学的観点からの考察」『教育心理学年報』51, 118-130.
中山留美子 (2013)「アクティブ・ラーナーを育てる能動的学修の推進におけるPBL教育の意義と導入の工夫」『21世紀教育フォーラム』8, 13-21.
New England Association of Schools and College (2013) Self-Study Guide (Revised ed.)
日本テスト学会編 (2007)『テスト・スタンダード—日本のテストの将来に向けて』金子書房.
西岡加名恵 (2010)「信頼性と妥当性」田中耕治編 (2010)『よくわかる教育評価 第2版』ミネルヴァ書房, 68-69.
Noftle, E. E., & Robins, R. W. (2007) Personality predictors of academic outcomes: big five correlates of GPA and SAT scores. Journal of personality and social psychology, 93(1), 116-130.
岡田有司・鳥居朋子・宮浦崇・青山佳世・松村初・中野正也・吉岡路 (2011)「大学生における学習スタイルの違いと学習成果」『立命館高等教育研究』11, 167-182.
岡本真彦 (2012)「教科学習におけるメタ認知」『教育心理学年報』51, 131-142.
沖裕貴 (2014)「大学におけるルーブリック評価導入の実際：公平で客観的かつ厳格な成績評価を目指して」『立命館高等教育研究』14,　71-90.
小野和宏 (2017)『パフォーマンス評価と教育の質保証－新潟大学歯学部の取組－』, 東邦大学医学部FD講演会講演資料, 2017年8月3日, アワーズイン阪急, 東京.
小野和宏・松下佳代 (2015)「教室と現場をつなぐPBL－学習としての評価を中心に－」, 松下佳代・京都大学高等教育研究開発推進センター (編著)『ディープ・アクティブラーニングー大学授業を深化させるためにー』勁草書房, 215-240.

小野和宏・松下佳代 (2016)「初年次教育におけるレポート評価」松下佳代・石井英真(編)『アクティブラーニングの評価』東信堂, 26-43.

小野和宏・松下佳代・斎藤有吾 (2014)「PBLにおける問題解決能力の直接評価ー改良版トリプルジャンプの試みー」『大学教育学会誌』36(2), 123-132.

大関智史 (2017)「宮崎国際大学のグローバル教育とAP事業への取組」山口大学・大学教育再生加速プログラム (YU-AP) 国際シンポジウム基調講演資料, 2017年3月14日.

Pace, C. R. (1985) The credibility of student self-reports. Los Angeles: UCLA Center for the Study of Evaluation.

Pike, G. R. (1996) Limitations of using students' self-reports of academic development as proxies for traditional achievement measures. Research in Higher Education, 37(1), 89-114.

Pike, G. R. (2011) Using college students' self-reported learning outcomes in scholarly research. New Directions for Institutional Research, 150, 41-58.

Pintrich, P. R., Smith, D. A. F., Garcia, T., & McKeachie, W. J. (1991) A manual for the use of the motivated strategies for learning questionnaire (MSLQ). 91-B-004. Ann Arbor: The Regents of the University of Michigan.

Pintrich, P. R., Smith, D. A. F., Garcia, T., & McKeachie, W. J. (1993) Reliability and predictive validity of the Motivated Strategies for Learning Questionnaire (MSLQ). Educational and Psychological Measurement, 53, 801-813.

Popham, W. J. (1997) What's wrong-and what's right-with rubrics. Educational leadership, 55, 72-75.

PROG白書プロジェクト (2015)『PROG白書2015 〜大学生10万人のジェネリックスキルを初公開〜』学事出版.

Rhodes, T. (2009a) From the director. Peer Review, 11(1), 3.

Rhodes, T. (2009b) The VALUE Project overview. Peer Review, 11(1), 4-7.

Rhodes, T. (Ed.) (2010) Assessing outcomes and improving achievement: Tips and tools for using rubrics. Washington, DC: Association of American Colleges and Universities.

Richardson, M., Abraham, C., & Bond, R. (2012) Psychological correlates of university students' academic performance: a systematic review and meta-analysis. Psychological bulletin, 138, 353-387.

Robbins, S. B., Lauver, K., Le, H., Davis, D., Langley, R., & Carlstrom, A. (2004) Do psychosocial and study skill factors predict college outcomes? A meta-analysis. Psychological Bulletin, 130, 261-288.

Rohlin, M., Petersson, K., & Svensäter, G. (1998) The Malmö model: a problem-based learning curriculum in undergraduate dental education. European Journal of Dental Education, 2(3), 103-114.

Rychen, D. S., & Salganik, L. H. (2003) Key competencies: For a successful life and a well-functioning society. Boston, MA: Hogrefe & Huber. ライチェン，D. S.・サルガニク，L. H.（2006）.『キー・コンピテンシー—国際標準の学力をめざして—』（立田慶裕監訳）明石書店.

Sadler, D. R. (2010) Beyond feedback: Developing student capability in complex appraisal. Assessment & Evaluation in Higher Education, 35(5), 535-550.

斎藤有吾 (2016)「パフォーマンス評価における項目反応理論を利用したアカデミック・ライティング力の測定」『京都大学大学院教育学研究科紀要』62, 427-439.

斎藤有吾 (2017)「エンジニアリング教育の達成度評価〜テスト問題バンクの取り組み〜 第10回 大規模実施の結果－大学間の比較や教育・学習経験との関連の検討から得られる教育改善の示唆－」『日本機械学会誌』120(1188), 38-39.

斎藤有吾・小野和宏・松下佳代 (2015)「PBLの授業における学生の問題解決能力の変容に影響を与える学習プロセスの検討－コースレベルの直接評価と間接評価の統合－」『大学教育学会誌』37(2), 124-133.

斎藤有吾・小野和宏・松下佳代 (2017)「パフォーマンス評価における教員の評価と学生の自己評価・学生調査との関連」『日本教育工学会論文誌』40(Suppl.), 157-160.

Shavelson, R. J. (2010). Measuring college learning responsibility: Accountability in a new era. San Francisco: Stanford University Press.

Shrout, P.E., & Fleiss, J. L. (1979) Intraclass correlations: uses in assessing rater reliability. Psychological Bulletin, 86, 420-28.

須長一幸 (2010)「アクティブ・ラーニングの諸理解と授業実践への課題—activeness概念を中心に—」『関西大学高等教育研究』1, 1-11.

Suskie, L. (2009) Assessing Student Learning: A Common Sense Guide, 2nd Edition. San Francisco: Jossey-Bass. サスキー , L. (2015)『学生の学びを測る—アセスメント・ガイドブック』(齋藤聖子訳) 玉川大学出版部.

鈴木秀幸 (2013)『スタンダード準拠評価—「思考力・判断力」の発達に基づく評価基準—』図書文化.

高橋哲也・星野聡孝・溝上慎一 (2014)「学生調査とeポートフォリオならびに成績情報の分析について：大阪府立大学の教学IR実践から」『京都大学高等教育研究』20, 1-15.

高橋哲也 (2015)『学修成果可視化に向けた大阪府立大学の取組』, SPODフォーラムシンポジウム講演資料, 2015年8月27日, 愛媛大学.

田中耕治編(2010)『よくわかる教育評価 第2版』ミネルヴァ書房.

寺嶋浩介・林朋美 (2006)「ルーブリックの構築により自己評価を促す問題解決学習の開発」『京都大学高等教育研究』12, 63-71.

宇佐美慧 (2010)「採点者側と受験者側のバイアス要因の影響を同時に評価する多値型項目反応モデル—mcmcアルゴリズムに基づく推定」『教育心理学研究』58(2), 163-175.

宇都雅輝・植野真臣 (2015)「ピアアセスメントの低次評価者母数をもつ項目反応理論」『電子情報通信学会論文誌』J98-D (1), 3-16.

渡部洋・平井洋子 (1994)「段階反応モデルによる小論文データの解析」『東京大学教育学部紀要』33, 143-150.

Wiggins, G., & McTighe, J. (2005) Understanding by design (Expanded 2nd ed.). Alexandria,VA: Association for Supervision and Curriculum Development. ウィギンス，G. &マクタイ，J. (2012)『理解をもたらすカリキュラム設計―「逆向き設計」の理論と方法―』(西岡加名恵訳) 日本標準.

山田礼子 (2007)『転換期の高等教育における学生の教育評価の開発に関する国際比較研究』研究成果報告書.

山田礼子 (2012)『学士課程教育の質保証へむけて－学生調査と初年次教育からみえてきたもの』東信堂.

山田礼子 (2013)「学生の特性を把握する間接評価：教学IRの有用性」『工学教育』61(3), 27-32.

山田礼子 (2015)「共通教育における直接評価と間接評価における相関関係：成果と課題」『大学教育学会2015年度課題研究集会要旨集』, 35-37.

山田礼子 (2016)「共通教育における直接評価と間接評価における相関関係:成果と課題 (2015年度課題研究集会)-(シンポジウム 学士課程教育における共通教育の質保証)」『大学教育学会誌』38(1), 42-48.

山田勉・斎藤有吾 (2017)「アクティブラーニングの評価への学生参加のあり方」，第23回大学教育研究フォーラム (参加者企画セッション「アクティブラーニングの評価のフロンティア」) 発表資料，2017年3月20日.

山田嘉徳・森 朋子・毛利美穂・岩﨑千晶・田中俊也 (2015)「学びに活用するルーブリックの評価に関する方法論の検討」『関西大学高等教育研究』6, 21-30.

山田剛史・森朋子 (2010)「学生の視点から捉えた汎用的技能獲得における正課・正課外の役割」『日本教育工学会論文誌』34(1), 13-21.

山口大学 (2017)『YU-APアニュアルレポート2016』

山口陽弘・石川克博 (2012)「教育評価の理論と実践―真正の評価をめざして―」『群馬大学教育実践研究』29, 187-200.

Zimmerman, B.J. (2001). Models of self-regulated learning and academic achievement. In B. J., Zimmerman & D. H. Schunk (Eds.), Self-regulated learning and academic achievement: theory, research, and practice. New York: Springer. pp. 1-25.『自己調整学習の理論』(塚野州一編訳) 北大路書房.

初出一覧

本論文は、以下の通りに公刊されているものと未発表のもので構成されている。公刊されているものは加筆と修正を行っている。

序章
書き下ろし

第1章
書き下ろし

第2章 「学習成果の間接評価は教員による直接評価の代替たりえるか」
斎藤有吾・小野和宏・松下佳代（2017）「パフォーマンス評価における教員の評価と学生の自己評価・学生調査との関連」『日本教育工学会論文誌』第40巻増刊号, 157-160. に新たな問題意識を加え、大幅に加筆修正したものである。

第3章 「パフォーマンス評価における学生の自己評価の変容」
斎藤有吾・小野和宏・松下佳代（2017）「ルーブリックを活用した学生と教員の評価のズレに関する学生の振り返りの分析－PBLのパフォーマンス評価における学生の自己評価の変容に焦点を当てて－」『大学教育学会誌』第39巻第2号, 48-57.

第4章 「高次の統合的な能力の変容に寄与する学習者要因の検討―直接評価と間接評価の統合―」
斎藤有吾・小野和宏・松下佳代（2015）「PBLの授業における学生の問題解決能力の変容に影響を与える学習プロセスの検討－コースレベルの直接評価と間接評価の統合－」『大学教育学会誌』第37巻第2号, 124-133.

終章
書き下ろし

あとがき　謝辞にかえて

本研究がこのようなかたちになるまで、非常に多くの方々のお世話になりました。指導教員である京都大学高等教育研究開発推進センター教授の松下佳代先生には、本当にギリギリのギリギリまでご指導いただきました。いつも温かく見守ってくださり、そして活を入れてくださいました。それがなかったら、途中で折れていたと思います。感謝していることが多すぎて書ききれませんので、また研究室でケーキを食べながらまたお話を聞いていただけたら幸いです。松下先生の研究室で直接、研究もそれ以外のこともお話できることが、センターで過ごす中で何よりも楽しく、大切な時間でした。心より感謝申し上げます。

新潟大学歯学部教授の小野和宏先生には、とても魅力的なフィールドを提供していただきました。本当におんぶにだっこでした。また、新潟からたくさんエールを送ってくださいました。本研究は小野先生をはじめ、新潟大学歯学部の先生がた、学生のみなさまのご協力がなければ成しえませんでした。新潟大学歯学部の先生がたがいかに魅力的な実践をされていらっしゃるか、微力ですが、できるだけ多くの大学関係者に伝えていくことが私の責務であると考えております。重ねてお礼申し上げます。本当にありがとうございました。

京都大学高等教育研究開発推進センターの先生、同僚、先輩、後輩のみなさまにも感謝を申し上げます。みなさまとゼミで議論(バトル)することで探究の面白さを知りました。今後もゼミや学会でよろしくお願いいたします。

最後に、京都大学名誉教授・大学入試センター名誉教授の大塚雄作先生に、お礼を申し上げます。なにもわからない私に、本研究でいう量的評価の立場から、研究マインドと研究作法を一から叩き込んでくれました。いろいろ迷っていた時、大塚先生の研究室をおたずねして本当に良かったと思っています。それが私の研究のスタートでした。うまく言葉にして伝えることが出来ませんが、全てのきっかけを与えてくださった先生に、心より感謝申し上げます。

二人の素晴らしい師に巡り合えました。お二人にご指導いただいたからこそ、「架橋」というテーマに挑戦できました。高等教育の研究者として、また実践者として、まだまだお二人に頼りながら成長していきたいと考えております(末っ子気質です)。今後ともご指導ご鞭撻のほど、よろしくお願いいたします。

最後にと言いましたがせっかくなのでもう少しお礼を述べさせてください。好き勝手に生きる末っ子の私をぶれずにサポートしてくれた家族には心から感謝しています。またサポートをしてくださりながら高等教育研究者として背中で語ってくださった畑野さん、大山さん、同じく博士論文を執筆しながら研鑽し合った長沼さん、そして博士論文執筆の最終段階の作業を手伝ってくださった澁川さん、杉山さん、本当にありがとうございました。

好き勝手すぎて、せめて誰かのためにならなければ自分には価値はないと思って過ごした20代でしたが、自分の研究を振り返ると、しかし結局いろいろな人に支えられていたことに気づかされます。架橋を目指したこの研究に関わる問題意識の根幹は、京都の生活で、研究と実践、高等教育と中等教育、大学と企業、理系と文系など、それぞれを往還することができたから得られたものです。その中でもP地下で一緒に青春を過ごしたあんげん、よこちゃん、うつるさん、ゆかりさん、じむ、ようへい、(あとよく思い出せませんがもれ)、かどまつ、そして老害扱いしながらもなんだかんだかまってくれたさかしゅん、きょうちゃん、えりかさん、えひめ、ちゃんよん、他にも本当に多すぎて挙げきれませんが、みなさんに感謝しております。あと学習支援ボランティアとして関わっていましたが、逆に私にいろいろ教えてくれたけんや、りょうと、だいげん、みんなありがとう。みんながそれぞれ自分の道を進んでいることに、胸がいっぱいです。私もそれに負けないように頑張ります。

すべてが青春でした。

本書の刊行にあたっては、京都大学総長裁量経費・若手研究者出版助成事業から刊行費のご援助をいただきました。ここに記して感謝申し上げます。
また、本書の企画・編集にあたっては、東信堂 下田勝司社長に大変お世話になりました。刊行に関して全く明るくない私に、最後のギリギリまで寄り添ってくださいました。本書を世の中に送り出すお手伝いをしてくださったことに、心からお礼を申し上げます。

平成31年3月12日

斎藤 有吾

索　引

サ行

タ行

ナ行

ハ行

マ行

ラ行

欧字

数字

著者紹介

斎藤　有吾（さいとう ゆうご）
藍野大学医療保健学部理学療法学科／教学 IR 室 助教。京都大学博士（教育学）。

京都大学大学院教育学研究科博士後期課程修了。京都大学高等教育研究開発推進センター研究員、山口大学大学教育センター助教（特命）、京都大学高等教育研究開発推進センター特定助教を経て 2018 年より現職。
専門は大学教育論、教育評価論。パフォーマンス評価に代表される質的な評価手法と、心理測定学を基盤とする量的な評価手法の架橋を目指す研究を行っている。その専門性をもとに、多くの教育実践をしつつ、所属大学の教育の特色を活かしながら教職員協働でボトムアップに教育改善の議論をすすめていくための実務に携わっている。

大学教育における高次の統合的な能力の評価
―量的vs.質的、直接vs.間接の二項対立を超えて

2019 年 3 月 28 日　　初　版第 1 刷発行　〔検印省略〕

定価はカバーに表示してあります。

著者©斎藤有吾／発行者 下田勝司　印刷・製本／中央精版印刷株式会社

東京都文京区向丘 1-20-6　郵便振替 00110-6-37828
〒 113-0023　TEL 03-3818-5521（代）　FAX 03-3818-5514
発行所 株式会社 東信堂

Published by TOSHINDO PUBLISHING CO., LTD.
1-20-6, Mukougaoka, Bunkyo-ku, Tokyo, 113-0023, Japan
E-Mail : tk203444@fsinet.or.jp　http://www.toshindo-pub.com

ISBN978-4-7989-1548-7 C3037

東信堂

転換期を読み解く—潮木守一時評・書評集	潮木守一	二六〇〇円
大学再生への具体像—大学とは何か【第二版】	潮木守一	二四〇〇円
大学の組織とガバナンス 高等教育研究論集1	羽田貴史	三五〇〇円
リベラル・アーツの源泉を訪ねて	絹川正吉	三二〇〇円
「大学の死」、そして復活	絹川正吉	二八〇〇円
大学教育の思想—学士課程教育のデザイン	絹川正吉	二八〇〇円
大学教育の在り方を問う	山田宣夫	二三〇〇円
北大 教養教育のすべて—エクセレンスの共有を目指して	小笠原正明・安藤厚・細川敏幸 編著	二四〇〇円
国立大学職員の人事システム—管理職への昇進と能力開発	渡辺恵子	四二〇〇円
国立大学法人の形成	大﨑仁	二六〇〇円
国立大学・法人化の行方—自立と格差のはざまで	天野郁夫	三六〇〇円
教育と比較の眼	江原武一	二六〇〇円
大学は社会の希望か—大学改革の実態からその先を読む	江原武一	二〇〇〇円
転換期日本の大学改革—アメリカとの比較	江原武一	三六〇〇円
大学の管理運営改革—日本の行方と諸外国の動向	江原武一・杉本均 編著	三六〇〇円
大学経営とマネジメント	新藤豊久	二五〇〇円
大学戦略経営の核心	篠田道夫	三六〇〇円
戦略経営111大学事例集	篠田道夫	三六〇〇円
大学戦略経営論—中長期計画の実質化によるマネジメント改革	篠田道夫	三四〇〇円
カレッジ(アン)バウンド—米国高等教育の現状と近未来のパノラマ	J・J・セリンゴ著 船守美穂訳	三四〇〇円
米国高等教育の拡大する個人寄付	福井文威	三六〇〇円
大学の財政と経営	丸山文裕	三二〇〇円
私立大学マネジメント	㈳私立大学連盟編	四七〇〇円
私立大学の経営と拡大・再編—一九八〇年代後半以降の動態	両角亜希子	四二〇〇円
学長奮闘記—学長変われば大学変えられる	岩田年浩	二〇〇〇円
大学の発想転換—体験的イノベーション論二五年	坂本和一	二〇〇〇円
大学のカリキュラムマネジメント	中留武昭	三二〇〇円
イギリス大学経営人材の養成	高野篤子	二七〇〇円
アメリカ大学管理運営職の養成	高野篤子	三二〇〇円
〔新版〕大学事務職員のための高等教育システム論—より良い大学経営専門職となるために	山本眞一	一八〇〇円

〒113-0023 東京都文京区向丘 1-20-6　TEL 03-3818-5521　FAX03-3818-5514　振替 00110-6-37828
Email tk203444@fsinet.or.jp　URL:http://www.toshindo-pub.com/

※定価：表示価格（本体）＋税